# El
# ayuno
## de
# VANGUARDIA

# Jentezen Franklin

**CASA CREACIÓN**

*Para vivir la Palabra*

# Para vivir la Palabra

MANTÉNGANSE ALERTA;
PERMANEZCAN FIRMES EN LA FE;
SEAN VALIENTES Y FUERTES.
—1 CORINTIOS 16:13 (NVI)

 *El ayuno de vanguardia* por Jentezen Franklin
Publicado por Casa Creación
Miami, Florida
www.casacreacion.com
©2011- 2022 Derechos reservados

Library of Congress Control Number: 2011937194
ISBN: 978-1-61638-282-7
E-book: 978-1-61638-549-1

Desarrollo editorial: *Grupo Nivel Uno, Inc.*
Adaptación de diseño interior y portada: *Grupo Nivel Uno, Inc.*

Publicado originalmente en inglés bajo el título:
*The Fasting Edge*
Publicado por Charisma House
Lake Mary, FL 32746 USA
Copyright© 2011 Jentezen Franklin
Todos los derechos reservados.

Visite la página web del autor: www.jentezenfranklin.org

Impreso en Colombia

22 23 24 25 26 LBS 9 8 7 6 5 4 3 2 1

*Amorosamente dedicado a mi hermano,
Richie, bajo cuyo ministerio fui
salvo, fue quien me dio mi primera
oportunidad de predicar y quien me
enseñó tanto sobre el poder del ayuno.*

# Reconocimientos

Una gratitud especial a mi esposa, Cherise, quien constantemente me inspira, y a nuestros hijos, Courteney, Caressa, Caroline, Connar y Drake, que son una bendición para mí cada día.

Steve Strang, Tessie DeVore y el equipo de Casa Creación: gracias por colaborar conmigo para publicar este libro y por recorrer siempre la milla extra por la excelencia.

Tomi Kaiser, tu talento me ha capacitado para llegar a muchos mediante la página escrita. Eres el motor que hay tras este libro y mi persona favorita con quien trabajar.

A toda la increíble plantilla de Free Chapel: gracias por su dedicación a este ministerio.

Al mejor equipo ejecutivo: Tracy Page, Natasha Phillips, Brian Smith y Caressa Franklin: gracias por todo lo que hacen para asegurar el éxito de este ministerio.

Finalmente, gracias a la congregación de Free Chapel y los colaboradores de Kingdom Connection por su apoyo a medida que seguimos extendiendo el evangelio localmente y globalmente.

# Índice

# Introducción

Nos sucede a todos. Seguimos y seguimos sin parar, y antes de que nos demos cuenta, sencillamente parece que no somos tan eficaces en nada como solíamos ser. ¿Ha disminuido su pasión por el Señor desde que nació de nuevo? ¿Siente como si hubiese perdido empuje desde la última conferencia o reunión de avivamiento a la que asistió? ¿Ha comenzado «la vida» a agotarle hasta el punto de que servir al Señor se ha convertido tan solo en un compromiso más que cumplir en el calendario semanal, que encaja en algún lugar entre trabajo, comidas y llevar a los niños a los entrenamientos? ¿Se ha cansado de la misma vieja rutina en el trabajo? ¿Se encuentra estallando en sus relaciones con familiares y amigos con más facilidad? Más al grano: ¿se ha vuelto sencillamente *desafilado*?

Abraham Lincoln es conocido por hacer la afirmación: "Denme seis horas para talar un árbol, y pasaré las cuatro primeras afilando el hacha". Para muchos de nosotros eso suena a una pérdida de al menos tres horas y media de esas seis. Pero recuerde que Lincoln era un diestro leñador desde su juventud, habiendo talado árboles, cortado leña y partido raíles por la mitad para formar vallados. Su experiencia incluso llegó a formar parte de su eslogan de campaña cuando su partido le llamó "el candidato raíl" en las elecciones presidenciales de 1860 en su país, como referencia a sus tiempos de cortador de raíles. Dos hechos que Lincoln conocía muy bien, al igual que todos los que trabajan con tales herramientas:

1. Un hacha desafilada supone mucho más trabajo.
2. Un hacha desafilada puede ser mucho más peligrosa que otra bien afilada.

Utilizar un hacha desafilada requiere más esfuerzo físico y tiempo para cortar el mismo número de árboles que utilizar otra bien afilada. Ya que un hacha desafilada no se introduce bien en la madera, un potente movimiento puede dar como resultado el que rebote en el objetivo y en cambio haga un corte en la pierna. Años de experiencia hicieron a Lincoln bien consciente de que las herramientas correctas adecuadamente cuidadas hacen que el trabajo duro sea más exitoso. Puede que incluso hubiese leído el sabio consejo de Salomón sobre el tema en Eclesiastés 10:10:

> Si se embotare el hierro, y su filo no fuere amolado, hay que añadir entonces más fuerza; pero la sabiduría es provechosa para dirigir.

"Sabiduría" es tomar el tiempo requerido para sentarse con lima, piedra de hacha y aceite para volver a darle el filo adecuado al hacha. Con la lima, lentamente se eliminan las imperfecciones y rebabas más grandes. El uso de una piedra fina en movimiento circular afila más el filo y elimina los puntos brillantes restantes que indican que la hoja sigue estando desafilada. Frotar una pequeña cantidad de aceite a lo largo del filo ayuda a eliminar los pedacitos de virutas y restos que se han amolado. Es un proceso, y cualquiera que esté familiarizado con el proceso le dirá que una amoladora eléctrica no debe utilizarse nunca para acelerar las cosas. Apresurar el proceso de ese modo en realidad suaviza el acero en la cabeza del hacha, dejándola totalmente inservible.

Todo creyente pierde el filo en su vida de vez en cuando. Seguir adelante con dificultad en nuestras propias fuerzas realizando nuestras rutinas diarias puede hacer que cada vez estemos más desafilados, seamos más ineficaces e incluso peligrosos.

Individuos, ministerios e iglesias completas pueden perder el filo o la vanguardia.

Puede recuperar el filo en su vida de modo muy parecido a como se recupera el filo en un hacha: deteniendo lo que esté haciendo y aplicando cuidadosamente las herramientas correctas. Declarar un ayuno espiritual es un medio de interrumpir los efectos embotadores de las rutinas de la vida. Ayunar es tomar tiempo para recuperar el filo, preparando el camino para que usted logre mucho más mediante el poder del Espíritu Santo de lo que podría lograr mediante sus propias fuerzas limitadas. El ayuno, la oración y tiempo de lectura de la Palabra de Dios obran juntos al igual que las herramientas del leñador utilizadas para afilar un hacha. Cuando yo ayuno en privado o colectivamente, eso me permite recuperar el filo o la vanguardia de la unción y del Espíritu Santo en mi vida.

En mi primer libro, titulado *El ayuno*,[1] planteé la pregunta de si Jesús pudiera haber hecho aquello para lo cual fue enviado a hacer en esta tierra sin ayunar, ¿por qué ayunaba? Inmediatamente después de su bautismo, la Biblia nos dice que el Espíritu Santo dirigió a Jesús al desierto en un ayuno de cuarenta días. Si el Hijo de Dios ayunaba, y Él es nuestro ejemplo, no puedo decir demasiadas veces lo crucial que la disciplina del ayuno y la oración deben ser para la vida cristiana.

En uno de mis primeros viajes a Israel tuve la oportunidad de grabar un mensaje mientras estaba delante de una vasta extensión de desierto para aquellos que colaboran con nuestro ministerio. Aunque estuve en aquel lugar solo un rato, pensé en lo brutales que debieron de haber sido las condiciones en aquella tierra. Es un lugar de extremos, muy seco y caluroso durante el día pero frío en la noche. La mayoría de nosotros queremos que nuestro caminar con Dios sea suave y cómodo. Tenga cuidado: la alternativa a los extremos es la tibieza, y Jesús no es un fan de la tibieza.[2] Pero hay un lugar de poder y unción que nunca podemos experimentar sin ser guiados al desierto, sin alejarnos de todos y de todo para buscar a Dios en ayuno y oración. Después de todo, eso fue lo primero que Jesús hizo después de que el Padre anunciase al mundo: "Este es mi Hijo amado, en quien tengo complacencia" (Mateo 3:17). Jesús salió de las aguas bautismales del río Jordán y fue guiado por el Espíritu Santo al desierto donde ayunó durante cuarenta días y noches.

Alguien puede que diga: "¡Mi *vida* es un desierto! Es estéril; está vacía; está seca". Si esas frases describen su vida, su matrimonio, sus esperanzas y sueños, entonces es momento de ayunar y orar. Quizá el Espíritu Santo le haya guiado a ese lugar para que recupere su filo. Quiero alentarle a que es momento de dejar de esforzarse en sus propias fuerzas y proseguir para ver lo que Él tiene para usted en el desierto. Jesús ayunó y fue victorioso sobre las tentaciones del diablo al final de aquel extenuante ayuno en el desierto. Lucas nos dice que después del ayuno, "Jesús volvió en el poder del Espíritu a Galilea, y se difundió su fama por toda la tierra de alrededor" (Lucas 4:14).

Igual que afilar un hacha, ayunar es un breve período que produce un efecto duradero. De los 365 días que hay en un año, 21 días no es tanto tiempo para tomar un receso de su rutina y experimentar un renovador encuentro con Dios. Nosotros ayunamos colectivamente como iglesia al comienzo de cada año porque ese breve período establece el curso para el resto del año. En marzo o abril ya no recordamos la dificultad de aquel largo ayuno de 21 días en enero. Pero Dios no lo olvida. Su promesa en Hebreos 11:6 es verdadera: "Pero sin fe es imposible agradar a Dios; porque es necesario que el que se acerca a Dios crea que le hay, y que es galardonador de los que le buscan".

Necesitamos recuperar el filo o la vanguardia. Necesitamos recuperar la vanguardia en nuestra vida de oración. Líderes, pastores, maestros... necesitamos recuperar la vanguardia en nuestra predicación y ministerio. Necesitamos recuperar la vanguardia en nuestras iglesias. Necesitamos recuperar la vanguardia en nuestras finanzas. La gente me pregunta frecuentemente cómo Free Chapel continúa creciendo y cómo nuestras instalaciones están libres de deudas. Yo solo puedo señalar a la fidelidad del Señor. Le honramos a Él con las primicias. Durante los últimos doce años nos hemos propuesto buscarle con diligencia al comienzo de cada año en un ayuno colectivo, y a lo largo del año con ayunos individuales tal como las personas se sientan guiadas a hacerlo. ¡Él es galardonador! Con los años hemos visto testimonios milagrosos del poder sanador de Dios, matrimonios recuperados y liberación de devastadoras adicciones de todo tipo en vidas de individuos (muchas de esas historias están destacadas en El ayuno). Nuestra congregación ha visto avances financieros como nunca antes.

Pero las bendiciones de Dios siempre rebosan la copa. Nunca debemos permanecer enfocados tanto en nuestras propias necesidades que descuidemos las necesidades de los demás. Cuando hace del ayuno parte de su estilo de vida, comienza a oír el corazón de Él para liberar a los cautivos y satisfacer necesidades más allá de sus propias fronteras en una medida cada vez mayor. Hasta ahora en que escribo este libro, hemos podido sembrar millones de dólares en Mission: Bread of Life y Life Speakers, dos ministerios que hemos lanzado para ayudar a alimentar a los hambrientos, proporcionar ayuda médica, construir casas para quienes quedaron devastados por los desastres naturales, y ayudar en la construcción de centros de rehabilitación para quienes han sido rescatados del tráfico de seres humanos.

El mundo necesita un pueblo de Dios que camine en la unción y el poder del Espíritu Santo, ¡y que derribe fortalezas y libere a los cautivos! Pero no hay "pueblo de Dios" sin que primero haya una "persona de Dios" dispuesta. Si está usted cansado de la iglesia embotada, si está cansado de una relación con Jesús fría, seca y estéril, es momento de recuperar el filo. Es momento de declarar un ayuno espiritual. La Biblia declara: "Por Jehová son ordenados los pasos del hombre, y él aprueba su camino" (Salmos 37:23). Creo que Dios va a establecer de nuevo quién es Él en su vida, de manera fresca y nueva. La victoria que Jesús ganó contra el diablo cuando ayunó durante cuarenta días estableció un patrón para que usted y yo lo sigamos en la actualidad. Quizá haya usted ayunado

y haya visto a Dios bendecirle y hacer grandes cosas en su vida.
Recuerde que el ayuno le sitúa en posición de recibir bendición
personal y dirección para su vida, y también de que Dios le use
para alcanzar a otros con su poder. Es momento de recuperar la
vanguardia para que podamos hacer mucho más mediante el Espíritu de Dios de lo que podríamos lograr nunca con nuestras propias fuerzas.

# Capítulo 1

# Necesita recuperar la vanguardia

La pregunta: "¿Qué hace el ayuno?" es una pregunta que me han hecho más veces de las que puedo recordar. Mi respuesta es siempre la misma: El ayuno y la oración le acercan más a Dios. Aunque puede que esa sea una respuesta breve, no es de ninguna manera simplista.

El ayuno no es un requisito. El ayuno es una *elección*. Siempre que un creyente escoge comenzar un ayuno espiritual durante un día o durante varios días, elige salir de la rutina a fin de acercarse más a Dios. Yo escogí desarrollar un estilo de vida de oración y ayuno hace más de veinticinco años, y no conozco nada que haya sido más poderoso en mi vida cristiana. Es cierto en mi experiencia personal y es cierto para nuestra iglesia, como se evidencia por la multitud de poderosos testimonios que surgen de nuestro ayuno colectivo anual en Free Chapel. Estoy más convencido que nunca de que ayunar es una puerta mediante la cual Dios libera su poder sobrenatural en nuestras vidas. La elección es nuestra: podemos abrir esa puerta o ignorarla y seguir con nuestras rutinas.

> El ayuno y la oración le acercan más a Dios. Aunque puede que esa sea una respuesta breve, no es de ninguna manera simplista.

Durante los últimos doce años, nuestra iglesia se ha comprometido a un ayuno anual de veintiún días en enero. Con cada año que pasa estoy más seguro de que este ayuno anual, apartado para honrar a Dios con lo "primero" de nuestro año, es verdaderamente parte del diseño y el llamado de Él. He sido testigo de profundos milagros en esta iglesia y mediante este ministerio a medida que hemos decidido buscar a Dios en ayuno y oración, cosas que no podrían haberse producido por nuestras propias fuerzas o esfuerzos. Me sorprendió descubrir que casi un millón de personas visitaron nuestra página web[1] del ayuno durante un período de dos días en nuestro reciente ayuno anual. Personas de toda América y otras partes del mundo están comenzando a ver que el ayuno no es solo para unos pocos elegidos, sino que Dios *es* galardonador de todos los que le buscan *con diligencia*.[2]

El ayuno es un breve período que libera recompensas a largo plazo. Es como tomar tiempo para afilar el hacha antes de cortar un árbol. Como con la mayoría de la tradición popular de los leñadores, ha circulado una historia durante años sobre dos leñadores que realizaban una competición de tala de árboles. En su libro, *Tony Evans Speaks Out on Fasting* [Tony Evans habla sobre el ayuno], el Dr. Evans hace referencia a una versión de esa divertida historia para ilustrar un punto clave relacionado con el ayuno.[3] La historia dice que un joven y fuerte leñador desafió a un respetado leñador veterano a un concurso. El joven quería demostrar su valía, creyendo que podría talar más árboles en un día que el hombre más mayor. El concurso comenzó una mañana temprano. Apoyándose en su propia fuerza y energía, el joven comenzó a mover su hacha en el primer árbol y después en otro. A medida que progresaba el día, él estaba seguro de ganar porque podía ver que el otro hombre tomaba varios descansos pero, mientras tanto, el joven seguía manejando su hacha, haciendo caer un árbol tras otro. Al final del día, el joven estaba confiado, esperando el conteo oficial de los otros leñadores. Para su sorpresa, el leñador más mayor había talado al menos un tercio más de árboles que el joven. Con frustración, el hijo del leñador concedió la victoria a su competidor más veterano, pero quiso saber cuál era el secreto del hombre. Quería saber cómo se las había arreglado él para batirle considerando su edad y el número de descansos que tomó a lo largo del día. El hombre más viejo y más sabio respondió: "Hijo, lo que no entiendes es que cada vez que me senté para lo que tú llamabas un descanso, estaba afilando mi hacha. Un hacha bien afilada supone mucho menos trabajo, y los árboles caen más rápidamente".

Debería concluir esta historia con la palabra *selah*, que significa pausar y pensar al respecto. El problema de tantas personas e iglesias en la actualidad son las hachas desafiladas. Las personas han perdido el filo o la vanguardia en sus vidas, sus hogares, sus matrimonios y su compromiso con el Señor. Semana tras semana puede que estemos en la iglesia cantando los cantos y levantando nuestras manos, pero no hay vanguardia en nuestra adoración; no hay vanguardia en la predicación. Todo ello se ha vuelto rutina y ritual desafilados.

Cuando apartamos tiempo para el ayuno y la oración, vemos mayores resultados. Claro que puede seguir talando con un hacha desafilada como el joven de la historia, siguiendo adelante en sus propias fuerzas; ¡pero yo prefiero hacer más operando bajo el poder de Dios! Unos cuantos días en todo un año no es mucho, pero proporciona una gran recompensa. El ayuno le hace recuperar su vanguardia, y le da la capacidad de hacer mucho más de lo que podría posiblemente lograr en sus propias fuerzas y su entendimiento finito.

En 2 Reyes capítulo 6, el profeta Eliseo había reunido a un grupo de jóvenes que anhelaban que él fuese su mentor. Aquellos denominados "hijos del profeta" habían sobrepasado el espacio de su lugar de vivienda, de modo que querían construir un edificio nuevo y más grande donde pudieran todos habitar, continuar en comunidad y aprender de Eliseo. Cuando le convencieron para hacerlo, todos se dirigieron al río Jordán, y cada hombre comenzó a cortar árboles para hacer los postes para una nueva vivienda. Mientras trabajaban, uno de los hombres no se dio cuenta de que la cabeza de su hacha se iba aflojando con cada potente golpe. De repente se salió del mango y cayó en el enlodado río. La cabeza del hacha de hierro se hundió con rapidez mientras el joven permanecía en la orilla, con el mango en su mano, devastado e incapaz de cambiar lo que acababa de suceder. Era un joven que anhelaba hacer algo grande para Dios, pero ya no podía ayudar a talar árboles al no tener otra cosa que el mango de un hacha. Había perdido el filo. Además, este joven había pedido prestada el hacha, y es probable que estuviese preocupado por no tener el dinero para sustituirla. No permita que la falta de finanzas le haga renunciar a su sueño. ¿Anhela hacer algo grande para Dios? ¿Siente que hay algo más que Dios tiene para que usted haga?

Quizá en una ocasión sintió la unción del Señor en su vida, e iba hacia adelante. Usted tenía filo. Su vida estaba consagrada a Dios, y tenía una profunda pasión por las cosas espirituales. Pero algo cambió. En estos momentos siente usted como si hubiera perdido su filo. Lo peor es que el enemigo le ha convencido de que no se ve, está fuera de su alcance, y nunca podrá usted reclamarlo. ¿Se ha creído la mentira de que su unción, su propósito, su sueño, su familia, sus hijos perdidos, todo ello se ha perdido para siempre? Dado el descenso económico que ha experimentado esta nación durante los últimos años, muchos se han enfrentado a difíciles circunstancias, al haber perdido empleos, haber perdido casas y autos, haber perdido el respeto y haber perdido toda esperanza. Pero quiero alentarle hoy a creer que Dios aún puede hacer que el hierro flote, y puede devolverle su filo o vanguardia.

## Tome una decisión

Lo primero que necesita hacer es tomar la decisión de que *va* a recuperar su vanguardia. Hablaré más sobre el poder de una mente decidida en el siguiente capítulo, porque es el punto de comienzo cuando se trata de ayunar para recuperar su vanguardia. Pero piense en el joven de esta historia por un momento. Una cosa que quiero destacar es su elección de trabajo. Dudo de que él quisiera ser un leñador, ¡ya que estaba buscando el ministerio profético!

Pero en el camino terminó con un hacha en su mano. Independientemente de cuál sea su llamado, nunca se aleje del trabajo duro. El ministerio es una palabra llamada T-R-A-B-A-J-O. ¡Las manos endurecidas aún pueden orar por las personas! Por tanto, allí estaba el profeta en entrenamiento en la ribera del Jordán, sin profetizar a nadie, sin proclamar ningún gran oráculo de Dios a las naciones, sencillamente un hombre cuya hacha se había desprendido del mango. Su palabra decía que él sería un profeta, pero su mundo decía que era un talador de árboles. Él podría fácilmente haber dejado a un lado el mango, haber encontrado un tronco donde sentarse y haber tirado la toalla. Después de todo, sería imposible ver aquel hacha en el enlodado río. A medida que lee esto, puede que esté en un período en el que su palabra no encaja en su mundo. Fe es confiar en Dios a pesar de lo imposibles que se vean las posibilidades. A veces Dios nos invita a desafiar las posibilidades. A veces Dios permite que las cosas se amontonen contra nosotros de modo que podamos experimentar un milagro de proporciones divinas mediante lo que parece ser imposible.

Lo imposible, sin embargo, ¡es *exactamente* para lo que ese joven se había inscrito! Después de todo, estaba estudiando bajo Eliseo, a quien más adelante se le acreditaron el doble de milagros de su predecesor Elías. El joven estaba siendo formado y mentoreado por el mismo profeta de Dios que en una ocasión golpeó ese mismo río con el manto de Elías y las aguas inmediatamente se separaron para que él pudiera cruzar. Aquel joven quizá hubiera estado en el grupo que vio suceder aquello; él sabía que Eliseo había sido utilizado para hacer que el agua de Jericó fuese potable otra vez, y había hecho que el aceite se multiplicase en la casa de la viuda. Él resucitó de la muerte a un muchacho y tuvo la solución para salvar un guiso envenenado; hizo que el pan se multiplicase para alimentar a cien hombres, e incluso sanó la lepra de Naamán a la vez que sacaba a la luz la avaricia de su sirviente Giezi.[4] ¡Yo creo que aquel joven había tomado la decisión mucho antes de que tuviese lugar este incidente de que creería lo imposible! Al caminar con Eliseo, lo imposible era parte de la tarea. En lugar de ocultarse derrotado, tomó la decisión de esperar y creer. Me recuerda una cita que leí en algún lugar del fundador del Ejército de Salvación, William Booth: "Dios ama con un gran amor al hombre cuyo corazón revienta de pasión por lo imposible".

Deje que le recuerde que como creyente nacido de nuevo, ¡usted sirve al Dios de Eliseo! Él es el Alfa y la Omega, el principio y el fin.[5] Nuestro Señor es el autor y consumador de la fe.[6] Él es el Dios de lo imposible. Ahora es el momento de que tome la decisión de que creerá en Él en lo que a usted le parezca imposible, y dejará de creer las mentiras del enemigo que quiere verle derrotado. El primer paso es tomar la decisión de volver a recuperar su vanguardia.

Lo segundo que debe hacer para recuperar su filo o vanguardia es confesar que lo ha perdido. El joven no se quedó callado; inmediatamente clamó al profeta de Dios para que le ayudase a recuperar lo que había perdido. Usted no logrará nada si sigue negando su situación. Probablemente haya oído la broma: "La negación es un río en Egipto". Cumplir con las formalidades religiosas día tras día no es manera de vivir; no es lo que Dios le ha llamado a hacer. Si ha perdido usted su pasión, si ha perdido su vanguardia, confiéselo rápidamente a alguien que pueda orar con usted y ayudarle a recuperarla. Cuando el joven de esta historia clamó, Eliseo preguntó: "¿Dónde cayó? Y él le mostró el lugar. Entonces cortó él un palo, y lo echó allí; e hizo flotar el hierro. Y dijo: Tómalo. Y él extendió la mano, y lo tomó" (2 Reyes 6:6-7).

Lo tercero que tiene que hacer es emprender la acción mientras exista la oportunidad. Eliseo no agarró el hacha por él y volvió a ponerla en el mango. Él tuvo que hacer eso por sí mismo. Dios no hará por usted lo que usted mismo puede hacer. Podría pensar que si el hacha de hierro pudo "flotar", también podría haberse situado en el extremo del mango. El hierro del hacha estaba en el río. El río representa la presencia del Espíritu Santo. Dios quiere que usted haga su parte para recuperar la vanguardia. Cuando usted declara un ayuno y establece tiempo para la oración, se está acercando al río y acarreando la afilada vanguardia que Dios le ha proporcionado para que sea eficaz. Le desafío a que haga su parte.

Declare un ayuno mientras lee este libro. Estoy de acuerdo en que ideas de vanguardia llegarán a usted; relaciones de vanguardia con nuevas personas se añadirán significativamente a su vida; creatividad vanguardista acudirá a su camino a medida que usted comience a tener hambre y sed de más.

El joven profeta tuvo que secar aquel hierro del hacha y pasar algún tiempo volviendo a afilarla después de que se hubiera perdido en el río. Él no podía tan solo comenzar a trabajar otra vez con un hacha desafilada, pues no habría sido útil para el resto de los hombres que trabajaban. Del mismo modo, perder la vanguardia en nuestras vidas tiene un impacto en las vidas de quienes nos rodean. ¿Recuerda la pasión que tenía usted por el Señor cuando fue salvo por primera vez? ¿Recuerda cómo era durante aquellas primeras semanas después de que Jesús quitase la pesada carga de pecado de su vida y le hiciese una persona limpia y nueva? Cuando tiene usted ese tipo de pasión, se transmite a su familia. La pasión es transferible, pero la falta de pasión también es transferible. Las personas que le rodean observar una diferencia, y su pasión aviva pasión en las vidas de ellos. Sin embargo, si usted ha perdido la vanguardia, ha perdido su pasión, y entonces se transfiere esa falta de pasión. Esto es especialmente cierto en líderes de alabanza, pastores y líderes de iglesias.

El joven confesó que había perdido el filo. Clamó a Eliseo y acudió al lugar donde lo había perdido. Todos necesitamos tener mentores piadosos en nuestra vida, hombres y mujeres de Dios que sepan cómo acercarse y tocar el cielo; un hermano o hermana fiel que pueda ponerse a nuestro lado, oír nuestros errores y proclamar vida y gracia para ayudar a restaurarnos. Como Pablo instruyó a la iglesia en Galacia:

> Hermanos, si alguno fuere sorprendido en alguna falta, vosotros que sois espirituales, restauradle con espíritu de mansedumbre, considerándote a ti mismo, no sea que tú también seas tentado. Sobrellevad los unos las cargas de los otros, y cumplid así la ley de Cristo.

Porque el que se cree ser algo, no siendo nada, a sí mismo se engaña.

—Gálatas 6:1-3

¿Dónde la perdió? ¿Fue debido a los golpes de la vida y los desengaños sufridos a lo largo del camino? Me gusta esta historia que Dutch Sheets compartió en su libro *God's Timing for Your Life* [El tiempo de Dios para su vida].

El único superviviente de un naufragio fue arrastrado a una pequeña isla inhabitada. Clamó a Dios para que le salvase, y cada día oteaba el horizonte buscando ayuda, pero nada parecía acercarse.

Exhausto, finalmente se las arregló para construir una cabaña, y puso en ella sus pocas posesiones. Pero entonces un día, después de salir a buscar alimento, llegó a su casa y encontró su pequeña cabaña ardiendo, con el humo elevándose al cielo. Lo peor había sucedido; él quedó muy triste.

Sin embargo, al día siguiente temprano, un barco se acercó a la isla y le rescató.

Él preguntó a la tripulación: "¿Cómo supieron que yo estaba aquí?".

"Vimos sus señales de humo", respondieron ellos.

Aunque ahora no pueda parecerlo, su dificultad presente puede que sea fundamental para su futura felicidad.[7]

Deje que la crisis le lleve a ponerse de rodillas en un período de oración y ayuno. Regrese al lugar donde se perdió la vanguardia. ¿Fue mediante un pecado que necesita usted confesar? Regrese a ese lugar y póngalo bajo la sangre de Jesús. El altar no es solo para aquellos que acuden al Señor por primera vez; el altar es un lugar para ser libre de aquello que le agota y ahoga su feroz pasión por Dios. En el altar se producen alteraciones. El altar es un lugar para *alterar* su dirección y regresar al camino correcto con Dios. Creo que es significativo que Eliseo utilizase un palo para lanzarlo al agua. La Biblia no desarrolla este punto, pero para mí el palo de ese árbol representa el Calvario. Cuando usted permite que la cruz toque su vida de nuevo, cuando llega a los pies de la cruz y confiesa su pecado, eso lo cambia todo. De repente, ¡las posibilidades sobrenaturales se vuelven mucho más naturales!

Dios tiene hombres y mujeres a los que sigue planeando levantar en esta generación; hombres y mujeres que tienen la vanguardia, el poder del Espíritu Santo operando en sus vidas. Si se siente usted desafilado en este momento, si ha perdido el filo o la vanguardia, es momento de recuperarlo.

## "Esto del ayuno no es para mí"

Un domingo en la mañana antes del servicio recibí un mensaje de texto de Marcus Mecum, un apasionado hombre de Dios que solía ser parte de la plantilla de Free Chapel en Georgia como nuestro pastor de jóvenes. En 2005 aceptó el llamado de Dios y reubicó a su familia en Florence, Kentucky, para pastorear una iglesia que había sufrido un rápido declive. Comenzando con unas seiscientas personas, Marcus y su esposa empezaron a reconstruir y reinventar la identidad de esa luchadora congregación. La iglesia Seven Hills tiene ahora una fuerza de tres mil, y han visto a más de cuatro mil personas acudir a Cristo.[8] En su mensaje, Marcus relataba su primer encuentro con el ayuno.

Hace diez años entré en su oficina y le dije: "Pastor, esto del ayuno no es para mí". Usted respondió en tono de broma: "Está en la plantilla, así que ayuna". Por tanto, después de cierto ánimo, me uní al ayuno. Catorce días después, ¡me derrumbé y destruí una hamburguesa! Pensé que había fallado. Se lo confesé a usted, y usted dijo: "Hizo todo lo que pudo. Lo logró durante catorce días; eso no está mal". Quiero que sepa que este mes de enero marca mi décimo ayuno anual, y es el sexto ayuno anual de veintiún días de Seven Hills. Saber que personas y cientos de congregaciones en todo el país son parte de este primer ayuno del año y que Free Chapel ayudó a comenzar este movimiento es bastante bonito. No querría nada más. (¡Gracias también por ayudarme a mantenerme más delgado!).

Dios levantó a Marcus y le condujo a lugares más profundos de adoración, quebrantamiento y poder mediante el ayuno, aunque su primer ayuno fue lo que algunos podrían denominar un ayuno "forzoso". Marcus y yo aún podemos reírnos de eso, pero me regocijo al ver cómo el ayuno colectivo en Free Chapel aquel año le proporcionó las herramientas para recuperar la vanguardia en su vida. Cuando usted recupera la vanguardia, Dios puede usarle para impactar a otros. Seven Hills era una iglesia que había perdido su vanguardia. Uno de los primeros cambios que Marcus hizo fue comenzar un ayuno colectivo anual. Vidas comenzaron a cambiar. ¡Almas están siendo salvas! Su página web menciona que la mitad de los cuatro mil nuevos convertidos se produjeron el año pasado. Lo que me emociona aún más es saber que hay cientos de iglesias como Seven Hills que el enemigo intentó mantener desafiladas y sin poder, pero comenzaron a ayunar y orar, y ahora están comenzando a recuperar su vanguardia con una afilada unción y pasión por Dios.

¿Ha perdido la vanguardia su iglesia? ¿Se ha vuelto desafilada su adoración? ¿Hay almas siendo salvas? Algunas iglesias comienzan a las 11:00 en punto y terminan a las 12:00 en punto. Los muertos en Cristo están sentados en bancos, y el sepulcro entrega a sus muertos a mediodía. Si esto describe su servicio, es momento de declarar ayuno y oración.

## Más que comida

A veces cuando está en un ayuno, no puede evitar pensar en lo que comerá cuando el ayuno termine. No hay nada de malo en eso (mientras no se obsesione con ello tanto que pierda el enfoque y se termines una hamburguesa demasiado pronto). Pero a veces, nuestra visión y nuestro entendimiento están muy limitados. Pensé en el hijo pródigo, la parábola que Jesús compartió en Lucas 15:11-32. Se podría decir que él estuvo en un "ayuno forzoso" debido a sus malas decisiones que le hicieron terminar en una pocilga, compartiendo las raciones de los animales. Cuando los dolores del hambre golpearon su estómago, entendió la realidad de que ni siquiera tenía maíz para comer, ¡solo las secas cáscaras! Comenzó a pensar en su casa y que los sirvientes de su padre comían mejor que él, y planeó regresar a su casa para comer bien. No entendía que su padre tenía mucho más preparado para él que solo comida. Dio la bienvenida a su hijo con los brazos abiertos; le restauró, le vistió, le perdonó y celebró su vida. La Biblia nos dice: "Cosas que ojo no vio, ni oído oyó, ni han subido en corazón de hombre, son las que Dios ha preparado para los que le aman" (1 Corintios 2:9). ¡Si tan solo pudiéramos aferrarnos a esas promesas! Cuando usted ayuna y ora, santas sorpresas parecen salir de la nada.

Un jueves fui a cenar con mi hija Courteney, y ella comenzó a hablarme de su amigo Nate. Él no iba mucho a la iglesia. Decidió acudir a Free Chapel por primera vez una noche de miércoles cuando yo prediqué un mensaje titulado "Jesús va pasando". Mi hija dijo que Nate le envió un mensaje de texto antes de irse de la iglesia, diciéndole lo mucho que el mensaje había impactado su vida. Estaba tan conmovido que cuando llegó a su casa, se sintió impulsado a comenzar a volver a leer su Biblia. Una nueva pasión por el Señor había sido renovada en su corazón. Habían pasado meses desde que él agarró su Biblia por última vez; de hecho, habían sido exactamente seis meses. Seis meses antes de acudir a Free Chapel aquella noche, Nate ganó dos mil dólares en un trabajo que había terminado, y decidió guardar el dinero en algún lugar seguro, pero se olvidó por completo de dónde lo ocultó. Lo buscó durante meses, pero no pudo encontrar el dinero en ninguna parte. Finalmente llegó a la conclusión de que lo habría dejado en el asiento del auto, de donde se habría caído y alguien lo habría agarrado, y que se habría quedado sin su dinero, hasta aquel miércoles en la noche. Su corazón fue impulsado a profundizar de nuevo en la Palabra de Dios, y quedó totalmente sorprendido al encontrar los dos mil dólares perdidos metidos seguramente entre las páginas de su Biblia. ¡Dios sabe dónde están sus cosas! Él sabe dónde cayó el hierro del hacha, y Él le ayudará a recuperar su vanguardia. Siempre que me encuentro a mí mismo desafilado espiritualmente, ayuno. Puede que sea un breve ayuno u otro más largo, pero he aprendido lo vital que puede ser ese período. Puede usted lograr mucho más con un hacha afilada. Miro a mi alrededor sorprendido de que la iglesia esté libre de deudas. Comenzamos con un pequeño edificio, y año tras año mientras hemos seguido poniendo a Dios en primer lugar en todas las cosas, prosiguiendo en el ayuno y la oración, hemos crecido y hemos pagado ese crecimiento a medida que hemos ampliado. Incluso en una mala economía, creo que el ayuno y la oración abrieron la puerta para que el ministerio siguiera ampliándose. El ayuno libera mucho más en su vida de lo que usted puede comprender.

## Saque la basura

Como compartí extensamente en mi primer libro, *El ayuno*, un ayuno espiritual también ofrece muchos beneficios de salud física. Le da al cuerpo una oportunidad de limpiarse de toxinas, de renovarse y restaurarse. Muchos médicos apoyan los beneficios sanadores de un ayuno.[9] Pero recuerde: el ayuno sin oración es simplemente una dieta. Al igual que el ayuno limpia su cuerpo físico de basura, también le limpia espiritualmente.

Pedro advirtió: "Sed sobrios, y velad; porque vuestro adversario el diablo, como león rugiente, anda alrededor buscando a quien devorar" (1 Pedro 5:8). Si ha perdido usted su vanguardia debido al pecado, es momento de estar a solas con Dios. El ayuno y la oración pueden ayudarle a cortar adicciones al tabaco, las drogas, el alcohol o la pornografía. El ayuno y la oración le ayudan a dejar la doble vida, los pecados secretos que usted cree que están ocultos de todos los demás, pero que no están ocultos de Dios. El pecado atascará la tubería de todas las bendiciones futuras. El ayuno es el "desatascador" espiritual que desatasca la corriente del agua viva en nuestra alma.

El ayuno le hace sensible a la "basura" que intente invadir su vida. Nosotros no tenemos ningún canal de películas en nuestra televisión porque gran parte de ellas son solo basura. Pero una noche estaba yo cambiando de canales y me sorprendió encontrar que había disponibles cinco canales de películas. ¡No podía creer lo que estaba viendo en mi propia casa! Llamé a la empresa de televisión por cable para descubrir qué sucedía. Yo no estaba pagando por eso, y tampoco quería que mis hijos se lo encontrasen por casualidad. ¡La empresa me explicó que era una prueba gratuita por sesenta días! En otras palabras, ellos ponen esas cosas no solicitadas para hacer que la gente se enganche. No es necesario decir que hicimos que lo quitasen de inmediato.

Puede que usted piense que no tiene importancia, pero recuerde que el enemigo anda rugiendo y se oculta. Usted oye chasquear una ramita a sus espaldas y se convence de que no es gran cosa... pero él está a punto de saltar. Recuerdo que se decía: "El diablo está en los detalles". Aquello con lo que alimenta usted su mente importa. El tipo de música con que alimenta su alma importa. El ayuno no solo se refiere a lo que pone usted en su estómago, sino también a aquello que alimenta su alma y su espíritu.

Los períodos de oración y ayuno le ayudan a recuperar su sensibilidad a las cosas de Dios. Cuando se ha quedado desafilado por el constante bombardeo de basura que se produce a su alrededor, el ayuno le ayuda a recuperar la vanguardia atravesando la basura y limpiándola. La unción de Dios es preciosa y no debería tratarse como poca cosa. Cuando nosotros comenzamos el ayuno de veintiún días al comienzo del año, una de las cosas en que siempre nos enfocamos es en sacar la basura del templo. La Biblia dice: "¿O ignoráis que vuestro cuerpo es templo del Espíritu Santo, el cual está en vosotros, el cual tenéis de Dios, y que no sois vuestros? Porque habéis sido comprados por precio; glorificad, pues, a Dios en vuestro cuerpo y en vuestro espíritu, los cuales son de Dios" (1 Corintios 6:19-20).

> Los períodos de oración y ayuno le ayudan a
> recuperar su sensibilidad a las cosas de Dios.

Clame a Dios; ayune y ore. Invite a Dios a comenzar un derrumbe en su vida. Él derribará lo que usted solía ser y Él le levantará para que se convierta en la persona que Él quiso que fuese, ¡en aquello para lo que usted nació! Dios tenía algo en mente cuando le puso a usted en esta tierra. Y quiero desafiarle a cualquier grado que usted pueda para hacer del ayuno parte de su vida.

## Capítulo 2

El poder de una
mente decidida

El tiempo empleado en el ayuno y la oración edifica confianza y
le ayuda a desarrollar la determinación necesaria para correr su
carrera con aguante. ¡Todos tenemos necesidad de aguante! Por
muchos años me ha gustado correr. Tiene un doble propósito para
mí. Correr es un aliviador de estrés, pero también es una oportunidad para mí de pasar tiempo en oración. A veces me meto tanto
en la oración mientras voy corriendo, ¡que tropiezo y me caigo! Es
muy embarazoso, especialmente si alguien me ve. Muchas veces he
llegado a casa después de una buena carrera con sangre en las rodillas y raspaduras en los codos, pues tropecé con alguna raíz que
sobresalía del suelo o tropecé con una acera rota. Pero he aprendido algunos secretos para realizar una carrera exitosa a lo largo de
los años. Uno de ellos es tomar la decisión antes de comenzar de
hasta dónde correré exactamente. Si no doy ese importante paso,
mi cuerpo rápidamente decidirá que la carrera ha terminado y no
dará ningún paso más. Tengo que preparar mi mente para recorrer
la distancia de modo que pueda anular el voto que mis cansados
músculos darán a mitad de la carrera. No puede usted preparar-
se para correr una maratón *después* de que haya sonado el pisto-
letazo de salida y la carrera haya comenzado. Se prepara durante
meses, corriendo un poco más de distancia cada día, acondicionan-
do su cuerpo para recorrer la distancia. Del mismo modo, el ayuno

y la oración preparan y acondicionan su espíritu para recorrer la distancia en las batallas de la vida.

Algunas personas expresan preocupación, e incluso temor, antes ni siquiera de intentar ayunar. Tienen miedo a fracasar, incapaces de ceñirse a un ayuno aunque sea por un día, y menos por varios días. Pero eso cambia en el momento en que tienen éxito. El temor da paso a la confianza. Sea que esté usted considerando un ayuno que dure un día o varios días, la única manera de saber que *puede* tener éxito es tomando la decisión, determinando de antemano que *tendrá* éxito, que será fiel durante todo el período del ayuno. Cuando haya tenido éxito en su primer ayuno de un día, la posibilidad de un ayuno de tres días se vuelve menos abrumadora porque su nivel de confianza es mayor. Poco tiempo después, completar un ayuno de tres días le da la confianza para soportar ayunos más prolongados tal como Dios le dirija. Numerosas personas me han dicho lo sorprendidas que estuvieron por la gracia que experimentaron varios días después de haber comenzado un ayuno prolongado. Como alienta el escritor de Hebreos: "No perdáis, pues, vuestra confianza, que tiene grande galardón; porque os es necesaria la paciencia, para que habiendo hecho la voluntad de Dios, obtengáis la promesa" (Hebreos 10:35-36). Yo quiero soportar. Quiero hacer la voluntad de Dios. ¡Quiero la promesa!

> **El ayuno y la oración preparan y acondicionan su espíritu para recorrer la distancia en las batallas de la vida.**

Recuerde: el ayuno no es un requisito; es una elección. El ayuno no garantiza su salvación. El ayuno no le hace mejor que cualquier otra persona, ni tampoco le convierte en cierto tipo de fanático religioso. Escoger ayunar es escoger apartarse de la rutina y esperar en el Señor con mayor intensidad, buscando su rostro y su presencia de modo más profundo. He aprendido que una de las claves para un ayuno exitoso es tomar la decisión de cuánto tiempo va a ayunar antes de comenzar. Haga un plan, escríbalo y cíñase a él.

## Escoger su destino

A fin de cuentas, solamente dos cosas determinan su destino: sus *elecciones* y sus *respuestas* a Dios. La Palabra de Dios está llena de elecciones. El capítulo 28 de Deuteronomio está dedicado a escoger hacer el bien y ser bendecido o hacer el mal y ser maldecido. El sucesor de Moisés, Josué, llamó al pueblo de Israel a tomar una decisión. Les dio una sencilla elección: "Pero si a ustedes les parece mal servir al Señor, elijan ustedes mismos a quiénes van a servir: a los dioses que sirvieron sus antepasados al otro lado del río Éufrates, o a los dioses de los amorreos, en cuya tierra ustedes ahora habitan. Por mi parte, mi familia y yo serviremos al Señor" (Josué 24:15, NVI). De igual modo, cuando el profeta Elías desafío a los profetas de Baal, preguntó: "¿Hasta cuándo claudicaréis vosotros entre dos pensamientos? Si Jehová es Dios, seguidle; y si Baal, id en pos de él" (1 Reyes 18:21).

El tema subyacente de esas decisiones puede resumirse en las palabras de Romanos 12:9, donde Pablo instruye a los creyentes: "Aborreced lo malo, seguid lo bueno". Este tema se refleja en la vida de un hombre llamado Job. La Biblia describe a Job como un hombre "perfecto y recto, temeroso de Dios y apartado del mal" (Job 1:1).

Yo creo que Job tomó la decisión en su juventud de qué serviría al Señor, de que seguiría lo bueno y aborrecería lo malo, y de que permanecería en el sendero estrecho. Recuerdo cuando yo tenía doce años y no podía esperar a cumplir los 13 y convertirme en un "adolescente" oficial. Cuando uno está creciendo, el tiempo parece que pasar lentamente. Cuando tenía quince, no podía esperar a cumplir los dieciséis y comenzar a conducir. Los dos siguientes años parecieron tomar una eternidad, pero finalmente llegó mi decimoctavo cumpleaños. Pero de repente, el tiempo se aceleró. Antes de darme cuenta ya tenía veinticinco, después treinta, cuarenta, y al escribir este libro, ¡casi cincuenta! Las décadas han pasado volando. Mirando atrás, estoy agradecido por unos padres piadosos que me ayudaron a entender cómo tomar decisiones correctas tempranamente en mi vida. Miro a mi alrededor a mi esposa y mis hijos a los que quiero; y al ministerio donde Dios me ha puesto y la influencia que Él me ha dado, y sé que por mí mismo no estoy lo suficientemente cualificado, lo suficientemente dotado, lo suficientemente educado para estar haciendo lo que hago. Entonces, una vez más, no son nuestros talentos y nuestra educación los que establecen el curso para nuestra vida, sino nuestras elecciones y nuestra respuesta a Dios.

El Señor tocó mi corazón en una reunión cuando yo tenía trece años de edad, y recuerdo tomar la decisión aquella misma noche de que sería virgen hasta que me casara. Recuerdo haberlo pensado y planeado cómo evitaría la tentación a fin de cumplir esa decisión. Aún puedo recordar el día en que tomé la decisión de que nunca más volvería a tocar el alcohol, de que nunca más volvería a tocar los cigarrillos. ¡Aquellas no eran decisiones populares! Eran decisiones que me sacaron del camino ancho en el que caminaba la mayoría de mis amigos, estableciendo mi curso en cambio en el camino estrecho. Siempre que usted toma una decisión *contra* una cosa, siempre toma una decisión *a favor* de otra. Cuando toma la decisión de aborrecer al mal, usted toma la decisión de seguir lo bueno. Del mismo modo, cuando escoge ignorar el impulso del Señor en un área, está tomando la decisión de hacer algo que se opone al mejor plan de Él para su vida. Mis elecciones y mis respuestas a Dios han gobernado toda mi vida. Escoger hacer lo bueno no siempre es fácil, pero la gracia de Dios es suficiente para ayudarle.

## Llegará el día

La tentación y la calamidad son inevitables. Van a llegar, haya usted tomado la decisión de cómo responder o no. Las tentaciones sexuales le confrontarán. Si usted no tiene la capacidad de una mente decidida para honrar a Dios con su cuerpo, estará a merced de la lujuria de su carne. La tentación de tomar el camino fácil en una situación difícil le confrontará. Si usted no ha decidido ya en su mente honrar a Dios a pesar de cuáles sean las consecuencias, entonces lo más probable es que ceda. Por eso Eclesiastés 12 dice: "Acuérdate de tu Creador en los días de tu juventud, *antes que vengan los días malos*" (v. 1, énfasis añadido).

Llegará el día en que sus respuestas a Dios y las decisiones que haya tomado serán probadas. Ese día llegó para Job. Satanás llegó para probarle al extremo. En un solo día, Job perdió todo lo que le importaba y lo que quería. Sus hijos, sus sirvientes, su ganado, sus propiedades... todo destruido en un abrir y cerrar de ojos. A lo largo del día, aquel hombre de Dios fiel fue golpeado con la trágica historia de pérdida y destrucción seguida inmediatamente de otra. El golpe final llegó con la noticia de que sus diez hijos, que estaban cenando juntos en casa de su hijo mayor, habían muerto cuando una tormenta de viento destruyó la casa.[1] Al oír esa noticia:

> Entonces Job se levantó, y rasgó su manto, y rasuró su cabeza, y se postró en tierra y adoró, y dijo: Desnudo salí del vientre de mi madre, y desnudo volveré allá. Jehová dio, y Jehová quitó; sea el nombre de Jehová bendito. En todo esto no pecó Job, ni atribuyó a Dios despropósito alguno.
>
> —Job 1:20-22

Eso me sorprende. No puedo imaginar cómo se me rompería el corazón si algo le sucediera tan solo uno de mis hijos. Job demostró inmediatamente las señales externas de lamento de aquella cultura, pero lo poderoso fue lo que demostró desde el interior: se postró en tierra *y adoró*. Ante una profunda calamidad y pérdida, su corazón ya estaba preparado para adorar a Dios a pesar de todo. Incluso nuestro quebrantamiento y gran dolor puede ser derramado a los pies de Jesús como una ofrenda de adoración.

Siempre llega un día de prueba. Es entonces cuando cuenta verdaderamente el valor de una mente decidida. Como si esas horribles tragedias en un solo día no fuesen suficientes, el enemigo lanzó otro disparo también a la salud de Job, afligiéndole con dolorosas úlceras de los pies a la cabeza.[2] La esposa de Job era una madre dolorida y golpeada por la tristeza que perdió a todos sus hijos en un solo día, y además de eso, su esposo estaba sentado en cenizas rascándose grotescas úlceras que cubrían su cuerpo. Ante sus ojos, Dios les había abandonado. Pero no a los ojos de Job. Años antes él había tomado una decisión. Cuando él tenía buena salud, cuando estaba educando a sus hijos y viendo aumentar sus bendiciones, antes de que llegase la prueba, él tomó la decisión de cómo respondería a Dios. Cuando todo estuvo perdido y su cuerpo le decía que cediese… cuando sus circunstancias le decían que tirase la toalla… cuando sus vecinos le preguntaban dónde estaban sus hijos, y todos sus rebaños y su gran riqueza… cuando su esposa le dijo que maldijese a Dios y muriese… Job tenía aguante para la prueba. Estaba acondicionado para la maratón. Cuando Job era más joven y más fuerte, respondió a su Redentor y tomó decisiones correctas que le prepararon para los momentos difíciles, de modo que no vacilase ante una pérdida tan profunda. Él tomó la decisión de que, a pesar de lo que llegase, él alabaría a su Dios.

"Abraham, ¿dónde está ese hijo que se te prometió? ¿Es el que está sobre el altar preparado para ser sacrificado?"[3] Mucho antes de que Abraham e Isaac subiesen a ese monte, Abraham había tomado su decisión de confiar y seguir al Señor, su proveedor.

"José, ¿dónde está tu manto de muchos colores? ¿Es ese que está cubierto de sangre para convencer a tu apenado padre de que unos animales salvajes te mataron?" José tomó su decisión de seguir al Señor, el dador de sueños, mucho antes de que sus hermanos le lanzasen a aquel pozo en el desierto. Él estableció su curso en el camino estrecho antes de enfrentarse a la seductora y escasamente vestida esposa de Potifar, antes de que fuese falsamente acusado de violación y llevado a la cárcel.[4]

"¿Dónde están quienes entonaban cantos sobre que eras un héroe conquistador, David? Estás viviendo en una cueva escapando del rey Saúl para salvar tu vida, aunque fuiste ungido como el próximo rey de Israel". David tomó su decisión cuando era un joven pastor y estaba solo en el campo con todo el cielo escuchando de que serviría a su Dios.

En Daniel, capítulo 1, descubrimos que Daniel y los tres jóvenes de Judá fueron llevados cautivos a Babilonia. Debían ser instruidos en los caminos de aquella nación impía, hasta comer los manjares de la mesa del rey, de modo que pudieran adaptarse y conformarse a la cultura. "Y Daniel propuso en su corazón no contaminarse con la porción de la comida del rey, ni con el vino que él bebía" (v. 8). En cambio, Daniel sugirió un ayuno de diez días solamente con verduras y agua para demostrar al administrador que él y sus tres amigos estarían en mejor condición que los otros que comiesen de la mesa del rey. Al final de los diez días, el aspecto de Daniel y sus amigos era mejor que el de los otros jóvenes, así que les dieron solamente verduras desde entonces en lugar de los manjares escogidos del rey. Las circunstancias no obstaculizaron ni influenciaron la respuesta de Daniel a Dios. En lugar de ser influenciado por la cultura, aquellos jóvenes tomaron una postura y comenzaron a influenciar la cultura en la cual se encontraban.

En el capítulo 3, Daniel ya no estaba con sus tres amigos. Sin embargo, ellos habían tomado la decisión de no postrarse ante ningún dios a excepción del único y verdadero Dios de Israel. Incluso cuando se enfrentaron a una muerte inminente en el horno de fuego, los jóvenes dijeron: "He aquí nuestro Dios a quien servimos puede librarnos del horno de fuego ardiendo; y de tu mano, oh rey, nos librará. Y si no, sepas, oh rey, que no serviremos a tus dioses, ni tampoco adoraremos la estatua que has levantado" (Daniel 3:17-18). Ellos observaron a Daniel mantenerse firme y negarse a comer la comida del rey. Esa lección ayudó a prepararles para el día en que también ellos tendrían que mantenerse firmes. Siempre que usted escoge hacer lo correcto, influencia a otros. Cuando escoge ayunar y orar, sus hijos aprenden a ayunar y orar. Cuando usted escoge aborrecer el mal y seguir el bien, sus hijos, sus amigos y sus familiares aprenden también a hacerlo.

## "No hagas concesiones"

Recientemente descubrí la historia de Carlos Hathcock II, reconocido como uno de los más eficaces francotiradores militares de todos los tiempos, concretamente durante la era Vietnam. El compañero Marine, Charles Henderson, escribió la increíble historia de Hathcock en su libro titulado *Marine Sniper: 93 Confirmed Kills* [Francotirador Marine: 93 muertes confirmadas].[5] Charles comenzó a afilar sus capacidades como tirador certero siendo un muchacho, cuando se enseñó a él mismo a cazar conejos y ardillas a fin de proporcionar comida para sí mismo y su abuela, que se ocupó de él cuando sus padres se separaron. El día en que cumplió diecisiete años, Hathcock se alistó en los Marines y pronto obtuvo notoriedad calificándose como un experto tirador mientras estaba en el campamento de entrenamiento. Pasó a ganar muchas competiciones de tiro, incluyendo la más prestigiosa de las competiciones de largo alcance, la Copa Wimbledon, en 1965. Entonces fue enviado a Vietnam.

Su carrera como Marine francotirador comenzó después de algunas misiones con hombres que no mostraban el mismo conocimiento del exterior del que Hathcock había llegado a depender para su supervivencia. Creyendo que estaría más seguro trabajando solo, enseguida se convirtió en el mejor francotirador, con un total de noventa y tres muertes confirmadas y muchas más no confirmadas (no verificadas). Entienda, por favor, que al compartir esta historia no estoy glorificando el asesinato. La motivación de Hathcock como francotirador era sencilla: proteger a otros compañeros Marines. Él sabía que si no eliminaba primero al enemigo, habría Marines que morirían. Llegó a ser tan bueno en su trabajo, que el Vietcong (VC) ofreció una recompensa por él de 30,000 dólares, que en aquella época era una cantidad astronómica. Pero estaban desesperados por eliminar al hombre al que apodaron "*Long Tra'ng*", o "Pluma blanca", un apodo que se ganó debido a la pluma blanca que siempre llevaba en su sombrero de campo.

Un francotirador enemigo que se propuso obtener esa recompensa estaba examinando diligentemente la espesa jungla un día en busca de cualquier señal de la pluma blanca de Hathcock. Desde un profundo escondite, el francotirador del VC examinó con el objetivo de su rifle hasta que creyó haber visto algo. Cuando estaba enfocado en su distante blanco, un resplandor de luz del sol se reflejó en su lente, alertando a Hathcock de la inminente amenaza. Hathcock no desperdició un momento. Levantó su rifle, apuntó a la maleza donde había visto el resplandor, y apretó el gatillo. Él y su observador se acercaron con cuidado al cuerpo para descubrir que la bala de Hathcock había atravesado el objetivo del otro francotirador, penetrando en el ojo y matándole al instante. Fue un tiro increíble. Hathcock entendió el peso del momento: la única manera posible de que el disparo se hubiera producido era si el enemigo le tuviese a él también en su objetivo. Lo único que salvó a Hathcock fue que él apretó el gatillo en primer lugar.

Así es como vivimos con mucha frecuencia como cristianos, ¿no es cierto? Jesús dijo que el enemigo busca destruirnos.[6] Al igual que el francotirador del VC con Hathcock, el enemigo tiene su "punto de mira" en nosotros para robar, matar y destruir. Cuando usted comienza a impactar a quienes le rodean para Dios, cuando su vida comienza a influenciar a otros para que tomen decisiones que les sitúen en el camino estrecho, a veces se situará bajo un mayor ataque. Cuando ayuna, está apretando el gatillo en primer lugar, ¡antes de que llegue la crisis! Ayunar es cargar contra las puertas del infierno y sacarlas de sus bisagras. Es un golpe preventivo en la guerra espiritual contra las fortalezas de las tinieblas. Por eso es tan importante tener la formación y la disciplina necesarias para apretar el gatillo en primer lugar, una formación y disciplina que llegan mediante el ayuno y la oración. Pero hay otra parte en la historia de Charles Hathcock que me sorprende.

Era su misión más peligrosa, y su recorrido casi había terminado. Había salvado incontables vidas mediante su sobresaliente puntería, capacidad y determinación. Entonces llegó la noticia de que había que eliminar a un general enemigo. La misión le llevaría a profundo territorio enemigo con muy poca cobertura natural. Él era el *único* cualificado para la misión, e incluso aunque tuviera éxito, sería muy probable que fuese una misión de la que no regresaría con vida. Él no recibiría la orden de ir; tendría que prestarse voluntario. Hathcock repasó la situación en su mente. Consideró cómo su éxito podría cambiar el curso de la batalla de manera importante y salvar más vidas; consideró que no querría que otra persona fuese potencialmente asesinada al intentar lo que él se había negado a hacer. Aceptó la misión.

Pasó los días siguientes preparándose mentalmente y repasando los mapas y la inteligencia que los Marines habían reunido sobre la situación del terreno, donde estaba la base del general, sus hábitos y otras cosas. Hathcock tendría que cruzar un gran campo abierto sin ser detectado para poder acercarse lo suficiente al objetivo y realizar el disparo. Él decidió que apuntaría desde las ochocientas yardas a fin de garantizar el éxito de la misión. Aunque estaba capacitado para disparar desde mil yardas y más lejos, esa misión era la más importante y la más peligrosa, y no había lugar para el error. Se quitó todos sus objetos personales, incluyendo la pluma blanca de su gorra y metiéndola en su Nuevo Testamento. Le llevaron por aire hasta el punto y le dejaron completamente solo en la jungla. Entonces comenzó lo que se convertiría en un viaje de cuatro días para cruzar mil quinientas yardas de ese campo, camuflado y arrastrándose como un gusano, moviéndose tan lentamente que su presencia no pudiera ser detectada por el enemigo.

A medida que pasaban las horas, Hathcock avanzaba. El tercer día, su cuerpo estaba cubierto por multitud de hormigas y picaduras de insectos, hasta el punto que él pensó que aunque tuviera éxito en la misión, las hormigas podrían llevarse su cadáver. Sus rodillas, caderas y codos estaban cubiertos de ampollas y úlceras debido a su continuo pero agotador ritmo tan lento. Varias veces contuvo la respiración hasta que sentía que sus pulmones iban a explotar, cuando patrullas enemigas pasaban a su lado. No había comido, y solo había tomado algunos tragos de agua de su cantimplora con la frecuencia suficiente para mantenerse vivo. Justamente cuando parecía que las cosas no podrían empeorar mucho más, se arrastró a poca distancia de una víbora verde del bambú. Cara a cara ante una serpiente muy mortal, fue necesaria toda la cantidad de control que él tenía para calmarse y orar. De repente, la serpiente sencillamente se alejó. Manteniendo su cobertura, pasó la siguiente media hora avanzando lentamente, sin ser detectado, y bebiendo otro trago de agua de su cantimplora con su boca muy reseca.

Dolor, agotamiento y hambre inundaban su mente y su cuerpo. Por delante de él tenía todavía doscientas yardas que recorrer a fin de situarse en un perfecto ámbito de tiro. Fue entonces cuando una batalla comenzó en su mente, de la cual Henderson escribe: "… hacer concesiones comenzó a tentarle en ese momento".

> Pensó: "Puedes hacerlo desde aquí". En todos sus años de competición de tiro, sus mejores disparos se produjeron desde la línea de las mil yardas. "Han sido todo dianas desde esta distancia", se dijo Carlos para sí. Pero en todos sus años de disparar, nunca un solo disparo había sido tan crítico.
>
> Una segunda voz le dijo a Carlos: "Aférrate al plan. No cambies las cosas ahora. La supervivencia depende de ello. Sobrevive". Carlos siempre escuchaba esa voz; le había mantenido vivo. Pensaste este plan cuando estabas descansando; ahora estás cansado. Tienes que seguir el plan; tienes que hacerlo".[7]

Hathcock continuó, impulsado por el consejo de aquella "segunda voz". Finalmente llegó al punto de las ochocientas yardas y estableció su posición en una trinchera no más profunda de seis pulgadas (15 cm). Allí esperó. A la mañana siguiente cuando el general salió de su búnker, Hathcock apuntó y volvió a recordarse una vez más: "No hagas concesiones".[8] Repasando otra vez todas las variables del tiro, hizo los ajustes necesarios y apretó el gatillo. El enemigo fue el eliminado y una batalla crucial cambió debido a su dedicación y determinación, porque no hizo concesiones cuando las cosas se pusieron difíciles.

## Seguir el plan

Me resulta muy poderoso que él se recordase a sí mismo seguir el plan que hizo cuando estaba descansado, cuando estaba pensando con claridad, cuando la fatiga, el temor, el hambre y el dolor no tenían el control. Mucho antes de comenzar a cruzar ese campo, él había decidido que no había punto de regreso ni ningún lugar para hacer concesiones. Como cristiano, el ayuno y la oración le ayudan a edificar el tipo de aguante que necesita para permanecer enfocado y victorioso en la batalla. Cuando toma la decisión de que no habrá concesiones durante un ayuno, edifica confianza y aguante que puede sostenerle en las pruebas y las batallas que lleguen. Pero las decisiones se toman mucho antes de que llegue la tentación; si no es así, es demasiado tarde. Hathcock podría haber pensado en muchas maneras de hacer concesiones, pero había solo un camino hacia la victoria. Había muchos caminos anchos, pero el estrecho, el que él decidió cuando su pensamiento era claro, solamente ese, produciría éxito. Por eso el escritor de Eclesiastés dijo: "Acuérdate en tu juventud", cuando tu mente esté clara y las cargas de esta vida no hayan llegado.

> Cuando toma la decisión de que no habrá concesiones durante un ayuno, edifica confianza y aguante que puede sostenerle en las pruebas y las batallas que lleguen.

A veces durante un ayuno, todo en usted comienza a clamar por obtener comodidad: "Tan solo un bocado de pastel; es su cumpleaños". "Tan solo un filete y lo lograré". La lista de tentaciones no termina. Aunque debe utilizar sabiduría durante un ayuno, también debe utilizar decisión de seguir el plan. *Será* capaz de lograrlo cuando permanezca enfocado en lo que decidió antes de que su carne comenzase a clamar. El pastor Mecum aprendió esa lección en la plantilla en Free Chapel. Después de catorce días, cedió y se devoró una hamburguesa. Su mente ganará si no ha tomado la decisión antes de comenzar. Después de aquella experiencia, sin embargo, él ha completado muchos ayunos prolongados y ha visto moverse a Dios de maneras maravillosas en su vida personal y en su nueva iglesia. Su dedicación y determinación han influenciado a toda una congregación para ayunar y orar, y están cosechando los beneficios.

Dios tiene un destino concreto planeado para usted, un destino que sus elecciones y su respuesta a Él abrirán. Cualquier piloto puede decirle dónde está "el punto sin retorno" en el despegue: cuando se ha recorrido toda la pista y no hay forma de regresar; ¡es volar o morir! Hay una lista de personas normales y corrientes en el capítulo 11 del libro de Hebreos. Aunque eran normales y corrientes, hicieron cosas extraordinarias para Dios debido a que nunca perdieron la visión, y en el peor de los momentos se negaron a regresar. Cuando usted sigue a Dios, no todos irán con usted. Un sueño podría ser la pesadilla de ellos. Vaya con Dios donde Él le esté llamando fuera de su zona de comodidad. Si el fracaso no es una posibilidad, entonces el éxito no significa nada. Cuando Abraham decidió dejar su casa y seguir a Dios, no tenía idea alguna de dónde le llevaría aquel viaje; lo más probable es que usted tampoco la tenga. Sin embargo, yo sé esto: todo comienza cuando Dios empieza a remover su nido. En Deuteronomio 32:11 el escritor se refiere a un águila que remueve su nido. Un águila adulta lo hace para que lo que antes fue un lugar cómodo para los aguiluchos sea cada vez más incómodo a fin de que ellos comiencen a volar. La mayoría de nosotros somos como esos aguiluchos; hasta que nuestro factor desgracia sobrepase a nuestro factor temor, no nos moveremos. Cuando usted comience a correr algunos riesgos, orará como nunca antes había orado, y ayunará como nunca antes, ¡porque su vida depende de ello! Tome la decisión de ayunar. Decida la duración del ayuno, escríbalo, y Dios le dará la gracia para terminarlo. En el momento en que decida que ha ido demasiado lejos con Dios en un ayuno para darse la vuelta, comenzará a ver su mano obrando en su vida.

Tome la decisión de que usted no será quien hace concesiones cuando las cosas se ponen difíciles. Comience a hacer del ayuno y la oración parte de su estilo de vida para desarrollar la confianza y el aguante que necesita para tener éxito. ¿Quiere conocer la dirección de Dios para su vida? Pregúntele. Cuando ayune, ore para que Dios defina sus planes y su dirección para su vida. Dios puede hacer más en un solo momento de lo que usted y yo podemos hacer en toda una vida. Cosas que tomarían años en lo natural, Dios puede hacerlas en un instante. Yo creo verdaderamente que el ayuno con frecuencia acelera su destino. En otras palabras, ¡le lleva allí con más rapidez! Estoy convencido de que Dios aceleró este ministerio diez años por delante de lo que habría sido sin los días de ayuno y oración que fueron sembrados. El ayuno me trajo hasta aquí con más rapidez. Lo he visto suceder muchas veces en mi vida. Se me dieron oportunidades que pastores que habían estado muchos años más que yo en el ministerio no habían recibido. Cuando Free Chapel construyó el edificio que actualmente ocupamos, estuvimos ahí solamente cinco años antes de pagarlo por completo y estar libres de deudas. Nuestro campus de California aumentó de unos cientos de asistentes a unos miles en solo un par de años. Una y otra vez, creo que Dios ha acelerado mi destino debido al ayuno.

> Yo creo verdaderamente que el ayuno con frecuencia acelera su destino.

Eclesiastés 12 habla de tomar decisiones correctas en su juventud; quizá sienta que la "juventud" ya ha pasado por su lado. Comience ahora. Comience hoy. Thomas Kempis, conocido por su famosa obra *The Imitation of Christ* [La imitación de Cristo] dijo: "No pierda su confianza en hacer progreso hacia las cosas del Espíritu; aún tiene tiempo, la hora aún no ha pasado". Tomé la decisión de buscar a Dios con todo su corazón. Aparte períodos de ayuno y oración, buscando conocerle mejor a Él.

# Capítulo 3

# La sabiduría produce éxito

Si el ayuno es la puerta mediante la cual Dios libera su poder sobrenatural en nuestras vidas, ¿por qué es una oportunidad que se pasa tanto por alto?

Todos los grandes de la Biblia ayunaban: Moisés, David, Nehemías, Daniel, Elías, Pablo, Pedro, y hasta Jesús mismo. Todos ellos se comprometieron a un elevado estándar de disciplina para cumplir los propósitos de Dios en la tierra. Ayunar es decirle a Dios que usted quiere estar con Él más de lo que quiere pasar tiempo con otras personas. Es un período para enfocar toda su atención solamente en Él. Ayunar es alimentar su espíritu descuidando su carne. La mayor parte del tiempo hacemos lo contrario; descuidamos nuestro espíritu alimentando nuestra carne. Al igual que la mayoría de predicadores que conozco, antes de predicar la Palabra de Dios a una congregación, yo no como mucho antes. Habré estudiado y alimentando mi espíritu sobre el Pan del cielo, y después de llenar mi espíritu, no quiero que mi carne se interponga en el camino.

A veces parece como si nuestra relación con Dios fuese distante. ¿Se ha sentido alguna vez vacío, como si estuviera en un desierto espiritual? Cuando entra en un seco desierto espiritual, una de las mejores cosas que puede hacer es ayunar. Vea el ejemplo de Cristo. En los primeros días de su ministerio terrenal, Jesús atravesó un seco desierto; sin embargo, cuando salió de su aquel lugar seco y desierto después de haber ayunado, la Biblia dice en Lucas 4:14: " Y Jesús volvió en el poder del Espíritu". El ayuno encenderá el poder del Espíritu Santo en su interior. Cuando el ayuno hubo terminado, Jesús se encontró con un hombre poseído por el demonio y le hizo libre. Cuando usted ayuna, Dios enviará casos difíciles a su camino porque, mediante la experiencia de ayunar en el desierto, usted se habrá vuelto más preparado y equipado para el ministerio. Dios quiere que usted ministre a las personas que Él envía a su camino y que necesitan ser alentadas y liberadas. La oración no siempre es suficiente. Como dijo Jesús en Marcos 9:29: "Este género con nada puede salir, sino con oración y ayuno". A veces, la liberación requiere oración y también ayuno.

## El infierno no está a cargo

¿Se ha preguntado alguna vez por qué Jesús ayunó antes de comenzar su ministerio en la tierra? A Jesús se le llama el Hijo del Hombre y el Hijo de Dios. Él era todo hombre y todo Dios en una sola forma. Jesús dijo: "De cierto, de cierto os digo: No puede el Hijo hacer nada por sí mismo, sino lo que ve hacer al Padre; porque todo lo que el Padre hace, también lo hace el Hijo igualmente" (Juan 5:19). Él también dijo: "Yo y el Padre uno somos" (Juan 10:30). Eso es lo más cercano que dos seres pueden llegar a estar. Pero aunque Él era el Hijo de Dios y Él y el Padre eran "uno", también sabemos que antes de que Jesús comenzase su ministerio terrenal, fue guiado por el Espíritu Santo al desierto en un ayuno de cuarenta días.

Y Jesús, después que fue bautizado, subió luego del agua; y he aquí los cielos le fueron abiertos, y vio al Espíritu de Dios que descendía como paloma, y venía sobre él. Y hubo una voz de los cielos, que decía: Este es mi Hijo amado, en quien tengo complacencia. Entonces Jesús fue llevado por el Espíritu al desierto, para ser tentado por el diablo. Y después de haber ayunado cuarenta días y cuarenta noches, tuvo hambre.

—Mateo 3:16–4:2

El ayuno ha sido un estilo de vida para mí desde que tenía unos diecisiete años de edad. Observé a mi padre, un fiel hombre de Dios, ser ejemplo de ayuno y oración cuando yo crecía. He realizado ayunos breves y ayunos largos, pero tengo que ser sincero y decir que no sé cómo Jesús ayunó durante tanto tiempo *en el desierto*. Ya es lo bastante difícil terminar un ayuno de veintiún días con todas las comodidades actuales como calefacción, aire acondicionado y una cómoda cama donde dormir en la noche. Imagine a nuestro Salvador, nuestro Rey, ayunando durante todo ese tiempo en el desierto de Israel, sin agua, sin comida, sin cama, y siendo constantemente molestado por el diablo. Me hace pensar en las palabras de David cuando él estaba en el desierto de Judá.

Dios, Dios mío eres tú;
De madrugada te buscaré;
Mi alma tiene sed de ti, mi carne te anhela,
En tierra seca y árida donde no hay aguas.

—Salmos 63:1

Notemos que David no dijo que tenía sed de agua en el desierto, sino de Dios. Yo he estado en Israel y he caminado por algunas de las regiones desérticas allí. El desierto allí tiene un duro clima de extremos. Es muy seco y caluroso durante el día, como estar en el interior de una secadora eléctrica a temperatura máxima. Las noches pueden llegar a ser muy frías y oscuras. Sin embargo, antes de que Jesús comenzase su ministerio terrenal, el Espíritu Santo le dirigió a ese lugar extremo para ayunar y orar por usted y por mí y por su propósito en la tierra.

Me pregunto si Jesús habría tenido éxito sobre el enemigo en aquel desierto si no hubiese ayunando. Con el agua del río Jordán aún corriendo por su cara y su ropa, se oyó la voz de Dios declarando que Jesús era su Hijo, en quién Él tenía complacencia.[1] ¡Qué mejor momento para lanzar un ministerio público que cuando Dios mismo proclama públicamente su complacencia en usted! Es así como el hombre normalmente escoge hacer las cosas: en sus propias fuerzas. Pero en lugar de tener multitudes de devotos seguidores aclamando, Jesús fue a un aislamiento total durante cuarenta días y noches, no comiendo nada y siendo tentado por el diablo todo el tiempo. La Biblia no detalla las tentaciones que Jesús soportó durante el ayuno, solamente las que llegaron al final. Yo imaginaría que la mayoría de las tentaciones durante el ayuno tenían la intención de hacer que Él dejase de ayunar.

Nunca falla. Cuando decide que va a ayunar durante un día, una semana, o más tiempo, la comida se convierte en una tentación mayor que nunca. Usted declara un ayuno el domingo, y el lunes en la mañana en el trabajo, algún alma generosa decide detenerse y comprar algunas rosquillas y galletas de salchicha para compartirlas con todos en la oficina. Quizá sea el cumpleaños del jefe, así que alguien pide pizza y un gran pastel de cumpleaños. Un año durante nuestro ayuno anual de veintiún días, mi esposa y mis dos hermanas invitaron a mi madre al restaurante P.F. Chang por su cumpleaños. Mientras estaban disfrutando de una comida totalmente vegetariana para seguir con el ayuno, llegó un camarero a su mesa y puso un plato recién hecho de carne justamente en el centro. Ellas dijeron que no habían pedido ese plato, pero para su total sorpresa, el camarero respondió: "Oh, no hay confusión, señoras. Este plato es cortesía del chef". Mi familia ha comido en ese restaurante muchas veces antes (cuando no estábamos en un ayuno) sin haber recibido nunca un plato como ese por cortesía del chef. La reacción de mi esposa fue clásica. Aunque agradeció verdaderamente el amable gesto del chef, también reconoció la fuente de la tentación. Miró a mis hermanas y a mi madre y dijo en tono de broma: "¡No fue otra cosa sino el diablo!" No es necesario decir que no se comieron la carne aquel día.

## Él lo sabe; ¿y usted?

Jesús fue dirigido por el Espíritu a ayunar y orar en ese desierto antes de predicar un solo sermón, sanar a ningún paralítico, liberar a ningún cautivo o llamar a ningún discípulo. Todo ese tiempo Él estaba afilando su hacha para lo que había de llegar. Como afirmó el escritor de Eclesiastés: «la sabiduría es provechosa» (Eclesiastés 10:10). Al final de aquellos cuarenta días y noches en el desierto, Satanás probó a Jesús en tres áreas concretas con la intención de que Jesús hiciera concesiones en el camino hacia nuestra redención. Satanás no quería que Jesús tuviera éxito en recuperar lo que Adán y Eva le habían entregado cuando cedieron a sus apetitos y comieron del árbol del conocimiento del bien y del mal.[2]

Satanás primero tentó al Señor en sus apetitos carnales: "Si eres Hijo de Dios, di que estas piedras se conviertan en pan" (Mateo 4:3). Notemos que dijo: "Si". Él desafió la identidad de Jesús. Habría sido fácil para Él convertir las piedras en pan. Dios había hecho caer maná del cielo y salir agua de una roca en el desierto cuando Israel vagó durante cuarenta años. Seguramente, "si" Jesús era el Hijo de Dios, Él podría sacar pan de las piedras y satisfacer su intensa hambre. Pero Jesús no estaba interesado en el pan que llena el estómago y sostiene el cuerpo durante poco tiempo. Él era el Pan de vida, que sería partido por nosotros. Él resistió la tentación, diciendo: "No sólo de pan vivirá el hombre, sino de toda palabra que sale de la boca de Dios" (v. 4).

Si es usted nacido de nuevo, Satanás sabe quién es usted en Cristo. Él sabe que el pacto que usted tiene fue hecho con la sangre de Jesús; sabe que tiene usted autoridad sobre todo su poder. Pero él no tiene que reconocer quién es usted en Cristo mientras *usted mismo* no reconozca quién es usted en Cristo; lo único que él tiene que hacer es tentarle y conducirle por los apetitos de su carne. Somos guiados por nuestra carne con mucha más frecuencia de la que deberíamos. Queremos lo que queremos cuando lo queremos, ¡y lo queremos *ahora*! El ayuno "destrona" el gobierno de los demandantes apetitos de nuestra carne de modo que podamos seguir con más facilidad la dirección del Espíritu Santo.

Jesús dijo que no debemos vivir solo de pan sino de toda *palabra* que sale de la boca de Dios. "Palabra" traducido del original griego en ese pasaje significa la palabra pronunciada, revelada y dicha de Dios. Piense en eso… cuarenta días antes, Dios Padre pronunció las palabras: "Este es mi Hijo amado, en quien tengo complacencia". Yo creo que esa poderosa *palabra rema* sostuvo a Jesús cuarenta días sin comida, ¡e incluso en las horas de tentación después de ese largo ayuno! Esa palabra rema fue como pan recién horneado en la boca de nuestro Señor, de modo que Jesús no necesitaba demostrar quién era convirtiendo las piedras en pan. ¡Esa palabra rema había proclamado su identidad para que incluso el diablo la oyera!

## Ningún atajo

Cuando Satanás se acercó a Jesús una segunda vez al final de ese ayuno, le condujo al punto más alto en Jerusalén y le dijo a Jesús que saltase. Satanás citó el Salmo 91: "Pues a sus ángeles mandará acerca de ti, que te guarden en todos tus caminos. En las manos te llevarán, para que tu pie no tropiece en piedra" (vv. 11-12). Dos cosas clave estaban obrando en esa tentación. La primera desafía la verdad de lo que Dios dijo en su Palabra, a lo cual Jesús respondió: "Escrito está también: No tentarás al Señor tu Dios" (Mateo 4:7).

El ayuno "destrona" el gobierno de los demandantes apetitos de nuestra carne de modo que podamos seguir con más facilidad la dirección del Espíritu Santo.

El segundo elemento revela que Satanás sabía que Jesús vino a morir. Ese era su propósito. Por tanto, Satanás estaba tentando al Señor a que lo hiciera cuanto antes, que tomase un atajo en el proceso. Desgraciadamente, esa es una tentación que sigue haciendo caer a muchos creyentes en la actualidad. No queremos aguantar el proceso, no queremos batallar contra los extremos, no queremos el afilamiento del desierto, del rechazo, del aislamiento. Demasiadas personas desean ir directamente de la promesa a la posesión, y sencillamente no están preparadas. Pero hay períodos que sencillamente debemos atravesar si queremos ser capaces de recibir las cosas que Dios desea derramar en nuestras vidas.

El pueblo de Israel estaba cansado del gobierno y la opresión extranjera. Buscaban a un gobernante valiente, no a alguien escondido en el desierto ayunando y orando. La gente probablemente consideraba ese ayuno como un revés. Sin duda, no es el modo en que la mayoría de personas tomarían el mundo. Pero recuerde: cada revés que haya encontrado… cada vez que Dios dijo no cuando usted pensaba que diría sí… cada vez que las cosas han ido mal y usted sencillamente no lo entendió: Dios le estaba afilando; le estaba moldeando y le estaba formando, desarrollando su fe y su confianza en Él. Cuando Jesús negó esa tentación, el diablo regresó con una más.

Adán y Eva perdieron el dominio que se les había dado debido a lo que comieron. Jesús comenzó a recuperar ese dominio porque ayunó. La tentación final en aquel desierto casi tenía sentido.

Otra vez le llevó el diablo a un monte muy alto, y le mostró todos los reinos del mundo y la gloria de ellos, y le dijo: Todo esto te daré, si postrado me adorares. Entonces Jesús le dijo: Vete, Satanás, porque escrito está: Al Señor tu Dios adorarás, y a él sólo servirás. El diablo entonces le dejó; y he aquí vinieron ángeles y le servían.

—Mateo 4:8-11

Siempre hay suficiente verdad mezclada con las mentiras de Satanás para hacer que casi sean creíbles. Lo cierto es que lo que le ofreció a Jesús era suyo para poder darlo en ese momento; podría haber ahorrado a Jesús la traición de Judas, las profundas heridas en su carne cuando fue azotado y, finalmente, la horrible y tortuosa muerte en la cruz. Satanás quería que Jesús se saltase el ayuno, se saltase tres años en el ministerio, se saltase la cruz: que tomase un atajo. Pero no había ningún atajo que tomar.

A veces Dios hace una promesa que requiere un proceso. Muy a menudo queremos la promesa, pero no queremos pasar por el proceso de Dios para llegar allí. Jesús pasó por un proceso de ayuno de cuarenta días para prepararle para el ministerio. Aquella era una parte del proceso que allanó el camino para que la promesa de Dios fuese cumplida mediante la cruz. Estoy agradecido cada días de que Jesús no tomase el atajo, de que pasase por el proceso para obtener la promesa.

¿Está usted viviendo un estilo de vida que no le permite detenerse y escuchar a Dios? ¿Se ha convertido la actitud no expresada de su corazón en: "Si Dios tiene algo que decir, es mejor que se apresure y lo diga"? Dios le está diciendo hoy: "y me buscaréis y me hallaréis, porque me buscaréis de todo vuestro corazón" (Jeremías 29:13). La intimidad no puede apresurarse; debe formarse día tras día. Jesús con frecuencia estaba rodeado de multitudes de personas, pero a menudo se retiraba para estar a solas con Dios y orar. Él sabía que necesitaba permanecer conectado a la Fuente de todas las cosas, e igualmente debemos hacerlo nosotros. Hay un precio que pagar por oír de Dios y caminar en su voluntad.

La oración y el ayuno eran una gran parte de la vida de Jesús. ¿Por qué debería ser una parte tan pequeña de la de usted? El problema con la mayoría de nosotros es que somos demasiado impacientes. Si Dios no nos habla en los primeros cinco minutos de oración, decidimos que Él no nos hablará ese día. ¿Dónde está la tenacidad de los antiguos santos que se aferraban a Dios en oración y ayuno y se negaban a ceder hasta que recibían una palabra segura, una palabra rema? Hemos sido deslumbrados con una mentalidad de microondas, pero servimos a un Dios de olla de cocción lenta. Queremos todo de la noche a la mañana, incluyendo la madurez. Hemos borrado de nuestra Biblia los pasajes que nos mandan esperar en el Señor. Jesús estuvo esperando en Dios durante cuarenta días y noches mientras ayunaba en el desierto. Dios estaba obrando en Él. Hay una obra produciéndose en usted y en mí en este momento de la que puede que no sea consciente, pero sin ayuno, oración y experiencias en el desierto, usted nunca estará calificado para manejar lo que Dios tiene para usted en el futuro. ¡El ayuno le prepara para lo que habrá de llegar!

> La oración y el ayuno eran una gran parte de la vida de Jesús. ¿Por qué debería ser una parte tan pequeña de la de usted?

Quince veces en el Nuevo Testamento el Señor dice: "El que tenga oídos para oír, oiga". Eso le indica tres cosas importantes sobre el oído. En primer lugar, usted nació a la familia de Dios con oídos espirituales. Los antiguos operadores de radio se llamaban el uno al otro diciendo: "¿Tienes tus oídos abiertos, compañero?". ¡Dios nos pregunta lo mismo! En segundo lugar, sin embargo, tener oídos espirituales para oír de Dios no es suficiente; también tiene que aprender a usarlos. Un bebé nace con la capacidad de oír, pero no entiende lo que oye. Entender toma tiempo; se necesita intimidad con los padres. Antes de que Jesús ascendiese al cielo, Lucas registra: "Entonces les abrió el entendimiento, para que comprendiesen las Escrituras" (Lucas 24:45). Ellos habían estado oyendo las Escrituras toda su vida pero no las comprendieron plenamente hasta entonces. Y en tercer lugar, oír de Dios debe convertirse en la más alta prioridad de su vida. ¿Por qué podremos oír de Dios en las crisis mejor que en otros momentos? Porque tenemos que hacerlo. Una crisis sitúa el oír de parte de Dios en la prioridad número uno. Pero hasta que oír de Él sea siempre nuestra primera prioridad, seguiremos viviendo de crisis en crisis y nunca aprenderemos a oír de Él correctamente. Ayunar es ralentizar para acelerar. Es tomar tiempo para escuchar su siguiente conjunto de instrucciones de parte del trono.

## Hay trabajo que hacer

La sabiduría de estar con el Señor y afilar nuestra hacha ciertamente produce éxito. Lo vemos modelado en la vida de Jesús en más de una ocasión. Si Jesús necesitaba el poder del Espíritu Santo en su vida y ministerio en la tierra, entonces usted y yo necesitamos ese mismo poder aún más. Los tiempos no se están volviendo más fáciles. La Iglesia necesita desesperadamente recuperar la vanguardia para las batallas que hay por delante. Necesitamos el poder del Espíritu Santo operando en nuestras vidas. Las palabras del gran misionero cristiano Hudson Taylor enfocan con claridad esta necesidad:

> ¿Pero ha puesto a un lado toda la Iglesia alguna vez, desde los tiempos anteriores a Pentecostés, todas las demás obras y ha esperado en Él durante diez días, para que ese poder pudiera ser manifestado? ¿Acaso no ha habido una fuente de fracaso aquí? Hemos dado demasiada atención a los métodos, a la maquinaria y a los recursos, y demasiado poca a la Fuente de Poder: la llenura del Espíritu Santo.[3]

Hudson Taylor conocía por experiencia el poder de Dios y la influencia que tenía mediante su trabajo y ministerio en China. Él fundó China Inland Ministries en 1865 y llevó a cabo una actividad pionera en ese cerrado país. Comenzó una obra duradera que sigue impactando vidas en la actualidad. En los tiempos anteriores a Pentecostés, la Iglesia esperó en la promesa de Dios.

El Espíritu Santo sabe cuándo necesitamos ayunar y orar. Está por encima de mi capacidad incluso imaginar qué grandes cosas podrían producirse en esta tierra si el pueblo de Dios prestase atención a la voz del Espíritu y siguiera su dirección. Rara vez deseamos estar en los extremos del desierto, pero el mismo Espíritu Santo que nos lleva a bendiciones también puede llevarnos al desierto para alejarnos durante un período de ayuno y oración. Lo que hay que recordar es que si Él está guiando, ¡Él está *con* usted! Hay períodos en los que seremos guiados por el Espíritu Santo a un tiempo de abnegación, cuando interrumpimos la rutina de nuestra vida y pasamos a un tiempo de aislamiento a solas con Dios.

En ese ayuno de cuarenta días en el desierto, Jesús modeló para nosotros el hecho de que a veces hay que alejarse de todo lo demás y situar la carne bajo sumisión. Los cristianos claman: "Dios, úsame. Dios, quiero que tus propósitos se manifiesten en mi vida". Estamos muy ansiosos por talar árboles, pero debemos aprender a tomar el tiempo necesario para afilar el hacha. Ayunar no es divertido. No hay mucho gozo durante un ayuno; pero puedo asegurarle que hay gozo después. Como vemos en Hebreos 4:15-16: "Porque no tenemos un sumo sacerdote que no pueda compadecerse de nuestras debilidades, sino uno que fue tentado en todo según nuestra semejanza, pero sin pecado. Acerquémonos, pues, confiadamente al trono de la gracia, para alcanzar misericordia y hallar gracia para el oportuno socorro". Jesús conocía el secreto de pasar tiempo ayunando y orando en la presencia de Dios para alcanzar misericordia y gracia para soportar.

El poder del Espíritu Santo es la vanguardia que necesitamos para soportar. Jesús envió al Espíritu Santo a habitar *con* nosotros y habitar *en* nosotros para guiarnos y capacitarnos para hacer las mayores obras que Él preparó para que las hagamos.[4] Una cosa que creo que todos los cristianos deben llegar a entender es que si queremos caminar con Dios, en cierto punto necesitamos salir de nuestra zona de comodidad. La vida trae extremos. ¿Le está guiando el Espíritu de Dios a un período de ayuno? ¡Sígale! Usted saldrá en el poder del Espíritu, con una nueva palabra rema de parte de Dios para su vida. Queremos todo con atajos, pero recuerde que hay trabajo que hacer. El tiempo de Él es perfecto y su tiempo llegará.

## Capítulo 4

# El ayuno que he escogido

Mi hermana tiene cuatro maravillosos hijos. Ella decidió comenzar un ayuno de seis días: un día por cada uno de sus hijos, el quinto día por su esposo y el sexto día por nuestra madre, que estaba atravesando un período particularmente difícil. Cada día que ayunaba, mi hermana apartaba tiempo en oración por la persona a la que ese día estaba dedicado. Oró para que sus corazones permanecieran tiernos delante del Señor; oró por sus futuros, y para que sus destinos divinos fuesen descubiertos y cumplidos. Mientras ayunaba y oraba cada día, pasaba tiempo esperando oír lo que había en el corazón de Dios por cada persona, y después oraba según lo que el Espíritu Santo le indicaba en su corazón.

Aproximadamente cuando su ayuno terminó, cuando le pregunté a mi hermana cómo le iba, ella me miró un momento, y entonces vi las mayores lágrimas llenar sus bonitos ojos azules. Con voz baja, me dijo entre lágrimas: "Esto es lo único que puedo hacer. Esto es *lo único* que puedo hacer".

Yo dije: "Entonces el ayuno está funcionando".

Cómo me gustaría que hubiera un modo de comunicar con palabras lo increíble que es cuando uno entra en ese lugar secreto con Dios mediante el ayuno y la oración. Puede que sea difícil en la carne temporalmente, pero la recompensa a largo plazo sobrepasa con mucho el coste a corto plazo. El período de ayuno de mi hermana no solo acumuló oraciones vitales por sus hijos, su esposo y nuestra madre, sino que también le llevó a ella a una mayor profundidad en la presencia de Dios donde un nuevo quebrantamiento en adoración le llenó literalmente hasta rebosar. Debemos entender el concepto de que hasta que no seamos verdaderamente quebrantados y vaciados, no podemos ser llenados hasta rebosar. El quebrantamiento es muy precioso a los ojos del Señor. Una de las cosas que deseo profundamente que Dios haga en mi propia vida y en la vida de todos en Free Chapel es que lleve un verdadero espíritu de quebrantamiento a nuestra adoración. La mayoría de nosotros batallamos con el concepto de que nuestra propia fortaleza es lo que atrae la atención de Dios, cuando nuestra fortaleza es *lo último* que Dios observa. Dios responde al quebrantamiento, pero no de modo que Él pueda apresurarse y salvar la situación como si fuese cierto tipo de héroe de cómic. El quebrantamiento deja espacio para que Él libere su fortaleza en nuestra debilidad a fin de lograr sus planes. Esa es una diferencia crucial que necesitamos entender.

Cuando Dios envió a Samuel a ungir a un nuevo rey para sustituir a Saúl como el líder de Israel, guió a Samuel a dejar pasar a todos los hijos de Isaí más mayores, más fuertes y más experimentados, hombres jóvenes que según todas las apariencias parecían muy adecuados para ser el rey.[1] Pero Dios le dijo a Samuel que no mirase el aspecto exterior de los jóvenes o su fuerza física. Dios los rechazó, diciendo: "Jehová no mira lo que mira el hombre; pues el hombre mira lo que está delante de sus ojos, pero Jehová mira el corazón" (1 Samuel 16:7). No era fuerza o estatura lo que Dios requería, ni tampoco era la disposición de ellos a ir con Samuel a la iglesia aquel día. Ninguno de aquellos jóvenes pasaba horas a solas con Dios del modo en que lo hacía David, su hermano pequeño; ninguno de ellos cantaba a Dios en las oscuras horas de la noche sin que hubiera nadie escuchando a excepción de algunas ovejas inquietas... y el cielo. Samuel recibió instrucciones de hacer llamar a David y ungirle como el rey que Dios había escogido para Él mismo, porque David tenía un corazón para Dios, un quebrantamiento que Dios podía llenar.

El quebrantamiento deja espacio para que Él libere su fortaleza en nuestra debilidad a fin de lograr sus planes. Esa es una diferencia crucial que necesitamos entender.

¿Recuerda la historia de Dios hablando a Moisés desde la zarza ardiente? Se encuentra en los capítulos 3 y 4 del libro de Éxodo. Dios interrumpió la rutina diaria de Moisés con una escena que él nunca antes había visto: una gran zarza que estaba ardiendo pero no era consumida por las llamas. Cuando Moisés se propuso detener lo que estaba haciendo, acercarse e investigar, Dios comenzó a hablar con él.

Cuarenta años antes, Moisés huyó de Egipto siendo un hombre roto y confundido. Su orgullo y su celo le habían conducido a matar a un egipcio que estaba golpeando a otro hebreo. Al día siguiente, el propio pueblo de Moisés se había vuelto contra él, al igual que el rey de Egipto, quien deseaba matarle. Se escapó al desierto donde más adelante se casó, formó una familia y comenzó a cuidar ovejas. Se enterró a sí mismo en su nueva identidad y profesión, hasta la vara de pastor que llevaba en todo momento. Esa vara no era solo una herramienta, sino que también simbolizaba lo que él hacía y quién era: su seguridad. Aun así, era solo un palo sin vida. Dios tenía en mente las necesidades de un rebaño mayor cuando detuvo a Moisés aquel día, el día en que el quebrantamiento de Moisés era completo.

Los clamores del pueblo hebreo habían llegado hasta el Señor. Era momento de comisionar y equipar a Moisés para llevar a cabo el plan de Él de liberar al pueblo de Israel de la opresiva atadura de la esclavitud en Egipto. Moisés no podía imaginar cómo sus hermanos hebreos creerían alguna vez en él; se cuestionó cómo sería posible que Dios pudiera utilizarle a él con todas las limitaciones que tenía y su horrible pasado. Por tanto, Dios le dijo a Moisés que lanzase la vara que tenía en su mano. Cuando él dejó caer esa vara, soltando el símbolo de su identidad y de su nueva fortaleza, ¡Dios le hizo una sorprendente demostración de su capacidad de obrar incluso con un palo sin vida a fin de servir a sus propósitos! Moisés, un hombre quebrantado, fue lleno del poder y la presencia del Señor, y el pueblo en esclavitud fue liberado.

¿Cuáles son los propósitos de Dios en la tierra actualmente?

¿Están las personas en esclavitud en el presente, desesperadas por tener libertad y el final de la tortura y el sufrimiento, clamando a un Dios que ni siquiera conocen? ¿Desea Él usarnos para romper sus cadenas? ¡Sí y sí! La verdadera pregunta es: ¿Interrumpiremos usted y yo nuestras vidas y nuestras rutinas, incluso nuestras rutinas religiosas, lo bastante para recuperar la vanguardia y estar verdaderamente quebrantados delante del Señor, de modo que Él pueda usarnos para alcanzarlos? No es coincidencia que el hombre más manso en la Biblia fuese uno que ayunaba. Moisés ayunó durante cuarenta días, y Dios le usó para conducir a su pueblo a la libertad.

## Lo verdadero

El ayuno no es solo un ejercicio religioso más. De hecho, si lee Isaías 58 con atención, verá que el capítulo en realidad comienza con Dios reprendiendo al pueblo que estaba ayunando, porque su forma de ayuno era meramente una trivial muestra externa para demostrar su religiosidad. De su hipocresía, Dios dijo:

¿Acaso el ayuno que he escogido es sólo un día para que el hombre se mortifique? ¿Y sólo para que incline la cabeza como un junco, haga duelo y se cubra de ceniza? ¿A eso llaman ustedes día de ayuno y el día aceptable al Señor?

—Isaías 58:5, NVI

¡Dios veía ese ayuno religiosos tan solo como una rutina más! El ayuno debe romper la rutina, y no convertirse en otra representación sin pasión. Ese ayuno estaba hueco por dentro, como los juncos que crecen en las riberas de los ríos, que se inclinan bajo su propio peso, parecido en apariencia a alguien que se inclina con vacía humildad. Me recuerda a los toros mecánicos que se hicieron populares en los años ochenta. Fueron originalmente diseñados para que los jinetes de rodeo los utilizasen para practicar, pero pronto se hicieron populares como una forma de entretenimiento para "aspirantes" a *cowboy* en todas partes. Aunque esos aparatos pueden ser mecanizados para imitar casi todos los movimientos de un verdadero toro, son solamente mecánicos. Hacen los movimientos, pero no son lo verdadero.

¡Dios está buscando lo verdadero! Si no tenemos cuidado, cada uno de nosotros puede llegar a endurecerse al Espíritu de Dios y ser indiferente en la adoración, realizando los movimientos de modo mecánico sin quebrantamiento ni pasión alguna. Es fácil para los cristianos desplazarse por la vida con una rutina sin vida. He aprendido que es peligroso tener un ministerio creciente y al mismo tiempo tener una pasión por Dios que encoge. Es peligroso que cualquiera que sea su enfoque, sea mayor en el exterior mientras en el interior su pasión por Dios se ha enfriado. Quizá usted añadió otro cero a su salario este año… pero hubo un tiempo en que usted no tenía nada y sus lágrimas corrían mientras adoraba. Cuanto más hace Él por nosotros, más agradecidos deberíamos estar; no más relajados y cómodos. Si está usted avanzando con una rutina apagada y sin pasión, es momento de romper la rutina. Eso es lo que hace el ayuno, el verdadero ayuno. El ayuno despeja el camino para que nos reenfoquemos y oigamos el corazón de Dios. Como he dicho antes, el ayuno es una disciplina a corto plazo que produce efectos a largo plazo. El ayuno es una elección que usted y yo podemos hacer para interrumpir "la vida como siempre" a fin de oír lo que Dios quiere hacer y cómo quiere Él usarnos para marcar una diferencia en la vida de otra persona.

> He aprendido que es peligroso tener un ministerio creciente
> y al mismo tiempo tener una pasión por Dios que encoge.

Hombres, mujeres y niños claman desesperadamente pidiendo ayuda cada día, en todo el mundo, en este país, quizá en este momento en la calle. Están en esclavitud; sufren abusos, son oprimidos, maltratados, tienen hambre, están solos, olvidados y aplastados. Puede que no podamos oír su clamor, pero puede usted estar seguro de que Dios sí los oye. Él oye el clamor de los oprimidos y los no salvos. Por eso el ayuno que Dios desea no es un acto religioso vacío y sin pasión que no da ningún fruto. Dios no puede bendecir eso. Dios tiene un propósito específico para el ayuno y la oración.

El ayuno que he escogido,
¿no es más bien romper las cadenas de injusticia
y desatar las correas del yugo,
poner en libertad a los oprimidos
y romper toda atadura?
¿No es acaso el ayuno compartir tu pan con el
    hambriento
y dar refugio a los pobres sin techo,
vestir al desnudo
y no dejar de lado a tus semejantes?
Si así procedes,
tu luz despuntará como la aurora,
y al instante llegará tu sanidad;
tu justicia te abrirá el camino,
y la gloria del Señor te seguirá.
Llamarás, y el Señor responderá;
pedirás ayuda, y él dirá: "¡Aquí estoy!".

Si desechas el yugo de opresión,
el dedo acusador y la lengua maliciosa,
si te dedicas a ayudar a los hambrientos
y a saciar la necesidad del desvalido,
entonces brillará tu luz en las tinieblas,
y como el mediodía será tu noche.
El Señor te guiará siempre;
te saciará en tierras resecas,
y fortalecerá tus huesos.
Serás como jardín bien regado,
como manantial cuyas aguas no se agotan.

—Isaías 58:6-11, NVI

Conozco a personas que han experimentado tremendas bendiciones en sus vidas, sus familias, sus matrimonios, sus finanzas y sus negocios a medida que han desarrollado un fiel estilo de vida de ayuno y oración. ¡Pero hay mucho más que Dios desea hacer más allá de nuestros propios límites y necesidades! El quebrantamiento que llega mediante el ayuno comienza con lanzar a los pies de Jesús todo lo que identificamos como nuestra fuerza para decir: "Señor, sé que estoy limitado. Vengo a ti en quebrantamiento, no en mi fortaleza sino en mi debilidad. Reconozco que tú puedes hacer más por medio de mí, quebrantado, de lo que yo podría intentar nunca hacer por mí mismo". Ese es el tipo de ayuno que conecta con Dios.

## Life Speakers

Estaba yo en un ayuno cuando el Señor hizo nacer la visión del ministerio Life Speakers en mi corazón. Yo estaba siendo cada vez más consciente de la horrorosa naturaleza del tráfico de seres humanos (esclavitud moderna) en todas sus formas, desde el trabajo forzado hasta el tráfico sexual de niños. Las crecientes estadísticas son inconcebibles. El Departamento de Estado de Estados Unidos indica que 12.3 millones de adultos y niños están atrapados en la esclavitud moderna en todo el mundo.[2] Según UNICEF, más de 2 millones de niños están atrapados en el mercado global del sexo.[3] El tráfico de seres humanos se ha elevado hasta tal nivel en Estados Unidos y el mundo que se está convirtiendo en el segundo delito más importante después del tráfico de drogas.[4] Cuanto más se quebrantaba mi corazón por las víctimas del mercado de esclavos del sexo, más sabía que yo no podía hacerlo todo; pero podía hacer *algo*. Durante el ayuno, el Espíritu Santo me trajo a la mente el pasaje de Ezequiel en el que Dios mostró al profeta un valle lleno de huesos secos que estaban esparcidos hasta donde la vista alcanzaba a ver. Dios le dijo entonces a Ezequiel: "Profetiza sobre estos huesos, y diles: Huesos secos, oíd palabra de Jehová. Así ha dicho Jehová el Señor a estos huesos: He aquí, yo hago entrar espíritu en vosotros, y viviréis" (Ezequiel 37:4-5). Las víctimas del tráfico son como huesos secos; se les arrebata toda esperanza, gozo y vida, como muertos andantes. Pero Dios tiene un plan, y Él está buscando quebrantamiento para poder mostrarse a Él mismo fuerte. Como dice la Escritura en 2 Crónicas 16:9: "Porque los ojos de Jehová contemplan toda la tierra, para mostrar su poder a favor de los que tienen corazón perfecto para con él".

El Señor abrió puertas para que uniésemos esfuerzos con ministerios como el Dream Center del pastor Matthew Barnett, para ayudarles a abrir un ala en el centro que estará dedicada a la rehabilitación de mujeres y muchachas que hayan sido rescatadas de esta horrible forma de esclavitud. Comenzamos a trabajar con Philip Cameron y su ministerio en Moldova, que fue establecido para rescatar a muchachas que sobrepasan la edad de estar en los orfanatos estatales a los dieciséis años de edad y enseguida se convierten en víctimas de traficantes a la espera. También trabajamos con Christine Caine y The A21 Campaign, que está en la brecha para rescatar a muchachas del tráfico sexual en Grecia. Trabajamos juntos para ayudar a rescatar a mujeres y niñas de los depredadores, y después ayudamos a alimentarlas y vestirlas. Les estamos dando un refugio seguro donde pueden encontrar sanidad e incluso aprender habilidades que necesitarán para tener éxito por sí mismas. Lo más importante es que compartimos con ellas el amor de Dios y el mensaje del evangelio. En menos de dos años hemos podido donar millones de dólares a esta causa. Mi hija mayor ha ido a trabajar en primera línea en esos ministerios, y ha sido profundamente impactada por el sufrimiento del que fue testigo. Estamos siguiendo la instrucción de Dios de tomar nuestro pan y nuestros recursos y alimentar a los pobres y romper sus cadenas. Dios puede hacer mucho con el quebrantamiento.

¿Qué "buenas obras" tiene Dios para usted, que solo descubrirá durante un ayuno, cuando el quebrantamiento abre el paso a la gracia y el equipamiento que necesita?

Puede ser la diferencia que usted marque tan solo en una vida, o puede descubrir que Él le está usando para marcar una diferencia en millones de vidas. El quebrantamiento abre una puerta y hace camino donde no parece haber camino. Como dijo Jesús: «De cierto, de cierto os digo, que si el grano de trigo no cae en la tierra y muere, queda solo; pero si muere, lleva mucho fruto. El que ama su vida, la perderá; y el que aborrece su vida en este mundo, para vida eterna la guardará. Si alguno me sirve, sígame; y donde yo estuviere, allí también estará mi servidor. Si alguno me sirviere, mi Padre le honrará» (Juan 12:24-26).

## Espacio para más

Piense en lo que tuvo lugar cuando Jesús y los discípulos atravesaban Samaria de camino a Galilea.[5] Se detuvieron en el pozo en la ciudad samaritana de Sicar. Los discípulos tenían hambre, así que fueron a la ciudad a comprar comida, pero Jesús decidió quedarse al lado del pozo. Cuando una mujer de la localidad llegó para sacar agua, Jesús le pidió agua. Ya que los judíos no hablaban a los samaritanos, aquello fue lo primero que sorprendió a la mujer sobre Él. Pero no fue lo último. Jesús comenzó a decirle cosas de su vida, como cuántas veces había estado casada y que el hombre con el que vivía en el presente no era su esposo. Lo que el Señor sabía de su vida le impulsó a ella a reconocer que Él debía de ser un profeta, así que respondió como muchos de nosotros tendemos a hacer: comenzó una conversación religiosa con la esperanza de que Él apartase su atención de ella. Ella esperaba que dar un giro a la conversación y hablar del largo debate entre samaritanos y judíos sobre si se debía adorar en Jerusalén o en el monte en Samaria, donde su pueblo había adorado desde tiempos de Jacob, lo lograría. Pero una vez más, Jesús volvió a llevar la atención a ella y al hecho de que ella no estaba adorando en ninguno de esos lugares con todo su corazón. Le dijo: "Mas la hora viene, y ahora es, cuando los *verdaderos adoradores* adorarán al Padre en espíritu y en verdad; porque también el Padre tales adoradores busca que le adoren. Dios es Espíritu; y los que le adoran, en espíritu y en verdad es necesario que adoren" (Juan 4:23-24, énfasis añadido).

Los discípulos regresaron aproximadamente en ese momento, y aunque se preguntaban por qué Jesús estaba yendo contra la costumbre de hablar a una mujer, escogieron no preguntar. Cuando Jesús le dijo a la mujer que Él era el Mesías, ella se emocionó demasiado para que le importase sacar agua del pozo. Dejó su cántaro allí y corrió al pueblo a decirles a todos lo que acababa de experimentar. Los samaritanos solo seguían los cinco primeros libros de la Biblia. Aún no tenían la verdad completa, pero tenían hambre; querían más. Cuando los hombres del pueblo oyeron las palabras de ella, salieron a ver a Jesús por sí mismos.

Notemos que cuando los discípulos fueron a la ciudad, no regresaron con alguien que necesitase ser sanado; no regresaron con alguien al que hubieran resucitado de la muerte o con un endemoniado al que hubieran liberado. Lo único con lo que regresaron fue con la comida. Cuando la mujer samaritana fue a la ciudad, ¡la ciudad entera regresó con ella! Los discípulos llevaron a Jesús un menú "Happy Meal", ¡pero ella le llevó almas! Me gusta lo que dijo Hudson Taylor de ella: "Algunos están celosos por ser sucesores de los apóstoles. Yo prefiero ser un sucesor de la mujer samaritana, quien, mientras los apóstoles fueron a buscar carne y olvidaron las almas, olvidó su cántaro de agua en su celo por difundir las buenas nuevas".[6] Cuando más personas de la ciudad se reunieron en torno a Jesús, los discípulos alentaron al Señor a comer. "El les dijo: Yo tengo una comida que comer, que vosotros no sabéis… Mi comida es que haga la voluntad del que me envió, y que acabe su obra" (Juan 4:32, 34). Mientras los discípulos querían llenar sus estómagos de comida, Dios quería llenar una ciudad de avivamiento.

Algunas de nuestras iglesias se han vuelto así en la actualidad: no tenemos espacio para más. Nos sentamos y recibimos hasta que estamos llenos hasta las orejas, eructando en nuestros bancos con nuestros "controles remotos" cambiando los canales de lo que nos gusta y no nos gusta en un servicio, tan llenos que no tenemos espacio para más ni pasión alguna por Jesús. Si los doce apóstoles pudieron pasarla por alto, usted y yo sin duda somos capaces de dar por sentada la bondad del Señor. Podemos fácilmente quedar tan llenos de nosotros mismos que debemos ser vaciados mediante el ayuno y la oración, buscando al Señor en quebrantamiento. Creo con todo mi corazón que Dios está buscando personas que no pierdan su pasión, personas a las que Él pueda bendecir en abundancia, y que cuanto más las bendiga Él, más hambre y más pasión sientan y más poder del Reino se libere como resultado.

Me resulta sorprendente que todo lo que Jesús soportó en su juicio, en sus azotes, en su crucifixión, se denomine su *pasión*. ¡El poder sigue a la pasión! Eso se aplica a muchas áreas. Si está usted de pie en un servicio de adoración y no parece tener ningún poder, recuerde que el poder sigue a la pasión. ¿Hay alguna pasión en la adoración, o es simplemente rutina? ¿Hay alguna pasión en la predicación, o es solo otro apagado sermón? Cuando una persona puede abrirse paso con pasión, puede liberarse poder. Si es usted culpable de sostener el "control remoto" a veces porque no le gusta el canto, no le gusta la música, no siente pasión alguna en la adoración, deje a un lado el control remoto y aporte la pasión usted mismo; ¡creo que verá una diferencia!

Donde hay hambre, hay pasión. Donde hay pasión, hay poder. Siempre que vemos que se libera poder en la Biblia, sigue a alguien a quien no le importaba lo que los demás pensaran. ¿Recuerda al ciego Bartimeo, que clamó a Jesús en medio de la represión de la multitud?[7] ¿Recuerda a la mujer que tenía hemorragias, quien lo arriesgó todo abriéndose paso entre aquella multitud de personas solo para tocar el manto de Jesús?[8] ¿Recuerda a María ungiendo los pies de Jesús? No le importó lo que los demás pensasen de ella cuando acudió al lugar donde Jesús estaba comiendo. Se arrodilló a sus pies, rompió un jarro de caro aceite aromático y derramó abundantemente su adoración sobre Él. Utilizó sus propios cabellos para limpiar el exceso de aceite de sus pies. Los discípulos la ridiculizaron, quejándose de aquel desperdicio, algunos de ellos señalando los pecados de la vida pasada de ella, pero Jesús los reprendió a todos por causa de ella.[9] No solo Jesús tuvo el aroma de la unción en Él, sino también María. Cuando usted pasa tiempo en quebrantada adoración con Jesús, lo que hay en Jesús se le pegará a usted. No puede derramar verdaderamente su adoración sobre Jesús sin que parte de la fragancia de esa unción se quede en usted. Eso es lo que sucede cuando pasa tiempo en quebrantada adoración. Debería ser su deseo que digan de usted lo que se dijo de los discípulos: "y les reconocían que habían estado con Jesús" (Hechos 4:13).

## Lo que Dios escoge

Lou Engle, en su audiolibro *Nazirite DNA*, dijo: "Vale la pena que se separen de las adicciones a los deportes, las adicciones a la comida y las adicciones al entretenimiento, tan solo para conocer los extremos placeres del amor de Dios y cumplir el destino profético que Él ha puesto en sus vidas para moldear la Historia junto con Él".[10] Eso es lo que hace el ayuno que Dios ha escogido. Rompe las ataduras y las limitaciones de su vida de modo que Dios pueda liberar su poder por medio de usted hacia otros. El ayuno es una elección intencional de proseguir hacia las profundidades del corazón de Dios para oír sus planes y avanzar en su destino divino en el poder de su Espíritu.

Dios escoge un ayuno que desata ataduras de maldad, levanta pesadas cargas, libera a quienes están oprimidos y rompe todo yugo. ¿Siente como si algo le hubiera estado reteniendo de su destino? ¿Vive con el peso de la depresión o el desánimo... con la carga de proveer para su familia en una economía inestable... con la presión de unos hijos que no son salvos? Cuando ayuna, clama al Señor para que rompa esas ataduras y levante esas cargas que le hacen sentirse desesperado e indefenso. Permita que Él vuelva a poner las cosas en su sitio en su propia vida; esa es una de las recompensas del ayuno. Pronto, verá usted a Dios usarle para llevar libertad también a otros.

¿Hay algo en su vida que le tenga atado, derribado y retenido? ¿Está usted "en yugo" con un mal hábito, una iniquidad, un pecado habitual? Un yugo era un instrumento duro de madera utilizado alrededor del cuello de dos bueyes para unirlos el uno al otro para arar. Donde iba un buey, el otro tenía que moverse con él. ¿Está usted en yugo con algo que está destruyendo su vida? ¿Tiene malos hábitos que le mantienen en esclavitud, obstaculizando su salud, acortando su vida y destruyendo su testimonio cristiano? No tiene que permanecer en yugo con sus adicciones. ¡El ayuno que Dios escoge rompe todo yugo!

¿Ha estado alguna vez en un avión cuando dan las instrucciones de seguridad? Los asistentes de vuelo siempre explican que las máscaras de oxígeno caerán desde los compartimentos superiores. Entonces explican que tiene que ponerse la máscara *primero* usted mismo antes de intentar ayudar a otra persona. Eso es lo que Dios desea: que usted esté en posición de quebrantamiento en el ayuno para que Él pueda romper todo yugo de atadura y quitar toda carga de su vida *primero*, a fin de poder entonces capacitarle para rescatar a otros… alimentar a quienes tienen hambre, albergar a los pobres y los marginados, y vestir a quienes no tienen ropa.

El ayuno que Dios escoge da revelación en áreas que han estado nubladas en su vida, a medida que Él comunica su voluntad y dirección para su vida. Su luz surgirá, y el Señor promete guiarle continuamente. ¡Dios proveerá para usted! Deje de preocuparse y comience a ayunar.

## Nada desperdiciado

¿Siente como si todo fuese un desperdicio de tiempo porque ha malgastado una gran parte de su vida para que Dios haga algo por medio de usted? Quizá piense en ese ser querido al que ha intentado alcanzar durante años. Quiero dejar totalmente claro que usted está totalmente equivocado en ese modo de pensar. En las manos de Dios nada es desperdiciado. La Biblia dice que el hijo pródigo "juntándolo todo… se fue lejos a una provincia apartada; y allí desperdició sus bienes viviendo perdidamente" (Lucas 15:13). Pero llegó el día en que se produjo la recompensa de quien desperdició. Él volvió en sí y su padre le restauró por completo. ¿Ha pasado usted su vida desperdiciándola en drogas, en alcohol? ¿Ha desperdiciado sus años abusando de su cuerpo con adicciones sexuales? El ayuno puede romper el yugo. Se necesita valentía para decir: "Tengo una adicción en mi vida y necesito ser libre". Pero Jesús sabe que usted ha desperdiciado lo suficiente de su vida y es momento de ser hecho nuevo por completo. Si está usted batallando con una adicción, ayune y ore… busque al Señor en su quebrantamiento. Nada está oculto de los ojos de Él. Al igual que Él lo sabía todo de la mujer en el pozo, lo sabe todo de usted. Pero si se da usted permiso para quebrantarse y derramarse delante de Él, Él puede limpiarle. Él puede llenarle de su amor. Él puede quitar esa carga y reparar lo que se ha desperdiciado.

Incluso después de que Jesús alimentase a las multitudes comiendo todo lo que podían al multiplicar unos pocos panes y peces, les dijo a sus discípulos: «Recoged los pedazos que sobraron, para que no se pierda nada» (Juan 6:12). Quizá conozca a alguien que está enganchado a las drogas, el alcohol o algún otro tipo de vicio. Le insto a que haga a un lado la hamburguesa y en cambio clame a Dios por esa persona. Reúna los fragmentos de la vida desperdiciada de esa persona mientras ayuna y ora por su liberación. ¡Dios no quiere que nada se desperdicie! ¿Está su vida llena de fragmentos y pedazos rotos? Entréguelos al Señor. Póngalos a sus pies. Permita que Él le restaure, le levante y le llene de su pasión. ¡Dios se interesa por los fragmentos y los pedazos de su vida!

Si es usted padre o madre, ¿le ha convencido el enemigo de que nunca ha tenido una buena relación con sus hijos, que nunca la tendrá, y que es una pérdida de tiempo intentarlo? O quizá le haya susurrado que usted nunca arreglará la relación con sus padres, con su cónyuge o con sus hermanos porque se han dicho y se han hecho demasiadas cosas. Usted se ha convencido de que las heridas son tan profundas que ellos nunca volverán a hablarle. Creo que cuando usted ayuna según lo que Dios llama ayuno, no se esconderá usted de su hermano (véase Isaías 58:7). En otras palabras, los muros que les han dividido se derrumbarán a medida que cada muro de resistencia comience a debilitarse. Mientras usted ayuna y ora, pida a Dios que restaure lo que el enemigo ha tomado de su familia. Ore para que las líneas de comunicación que han sido destruidas entre los familiares de su propia sangre sean restauradas.

Del ayuno que Él escoge, Dios dice: "Y los tuyos edificarán las ruinas antiguas; los cimientos de generación y generación levantarás, y serás llamado reparador de portillos, restaurador de calzadas para habitar" (Isaías 58:12). Una vez que es usted libre, Dios puede usarle como una calle bien iluminada para guiar a otros a Él. Él puede usarle como un puente para alcanzar a quienes están distantes de Él. Por medio de usted, Él puede tomar esas vidas que han estado desoladas y destruidas por adicciones, opresión y abuso y convertir lo que antes fue un terreno estéril en un huerto fructífero.

Un amigo mío comenzó una iglesia en un granero hace muchos años. Lo interesante es que ese granero se utilizaba como salón de baile durante toda la semana, pero no se utilizaba para nada los domingos en la mañana. Mi amigo tenía muy poco dinero, pero se las arregló para rentar ese granero los domingos en la mañana a muy buen precio. Había suficiente espacio para un pequeño púlpito y algunas sillas para la congregación en la zona de baile. Él llegaba temprano la mañana del domingo y limpiaba y preparaba todo. Poco a poco, personas comenzaron a ser salvas. A medida que las personas de la localidad comenzaron a entregar sus vidas al Señor, dejaron de hacer fiestas, y el granero y salón de baile comenzaron a perder dinero. Finalmente lo cerraron, y mi amigo pudo comprar el edificio. Años después, me dijo: "Cuando tomamos ese terreno, era solo cincuenta acres de tierra estéril, pero ahora tenemos un fructífero huerto en él". Eso es lo que Dios puede hacer con su matrimonio, con su familia. Es momento de ayunar y orar por ellos, y no tirar la toalla. Puede que no haya nada que usted *pueda* hacer... pero no hay nada que Él *no pueda* hacer.

El Señor responde a su quebrantamiento cuando usted le dice: "Señor, te entrego mi corazón y mi alma; tú eres el único por quien vivo. Con cada aliento, Señor, quiero que tú hagas tu obra en mí".

Y entonces, permita que Él se muestre fuerte por medio de su vida.

## Capítulo 5

# Copos de nieve en el Amazonas

Nunca dejo de sorprenderme por cómo Dios puede conectar a personas para llevar a cabo sus propósitos. Mediante el poder del Espíritu Santo, Dios da a hombres y mujeres talentos, dones, discernimiento y perspectiva que, cuando se reúnen con lo que se ha dado a otros, pueden cambiar el mundo. Tengo el honor de tener muchas conexiones como esa en mi vida. Uno de tales amigos y compañeros en la fe es el Dr. Bruce Wilkinson, autor del libro de éxito de ventas *La oración de Jabes*. Bruce ha predicado en Free Chapel un par de veces, y en una reciente visita le convencí para que se quedase para grabar conmigo el programa de *Kingdom Connection*. ¡Aquel fue un día poderoso! El Espíritu Santo usó mi tiempo con Bruce, mientras estábamos grabando, para confirmar y asentar algo que había estado moviéndose en mi espíritu por mucho tiempo: llevar el evangelio a las naciones.

Hay algo en cada uno de nosotros que desea más. Cuando escogemos someter esos deseos a Dios, Él puede hacer grandes cosas con nosotros. El ayuno le ayuda a poner sus deseos de acuerdo con los deseos de Dios. No creo que fuésemos creados solamente para seguir la corriente en una vida cristiana mediocre. Dios nunca quiso que fuésemos egoístas y dijésemos: "Bueno, tengo suficiente". Eso es lo que primero me intrigó de Jabes cuando comencé a estudiar por primera vez su historia hace más de veinte años. Jabes hace una breve aparición en solo dos versículos:

Y Jabes fue más ilustre que sus hermanos, al cual su
madre llamó Jabes, diciendo: Por cuanto lo di a luz en
dolor. E invocó Jabes al Dios de Israel, diciendo: ¡Oh, si
me dieras bendición, y ensancharas mi territorio, y si tu
mano estuviera conmigo, y me libraras de mal, para que
no me dañe! Y le otorgó Dios lo que pidió.

—1 Crónicas 4:9-10

Él era un hombre ilustre, honorable, y Dios le dio lo que pidió.
Me alegró cuando salió el libro de Bruce porque amplió mi entendimiento mucho más. El Señor le guió en un viaje para descubrir
el poder de la oración de Jabes hecha en esos versículos, y cómo
esa misma oración está muy relacionada con la Gran Comisión en
la actualidad. Como Bruce compartió durante nuestra conversación: "Lo último de lo que Jesús habló cuando estaba en esta tierra fue para dejar claro que Él quería que extendiésemos nuestro
territorio para incluir al mundo entero". En Hechos, capítulo 1,
antes de que Jesús ascendiera al cielo, les dijo a quienes estaban
con Él: "pero recibiréis poder, cuando haya venido sobre vosotros
el Espíritu Santo, y me seréis testigos en Jerusalén, en toda Judea,
en Samaria, y hasta lo último de la tierra" (v. 8). ¡Eso sí es extender su territorio!

Hubo una época en que Free Chapel llegó a un punto de decisión. Habíamos terminado un grande y hermoso campus donde
más de tres mil trescientas personas podían adorar a Dios libremente en el santuario principal, los miembros podían tener com-
pañerismo y comer juntos, y sus hijos podían ser desafiados y
enseñados en unas instalaciones seguras y de primera calidad.
Nuestros programas estaban alcanzando a millones, y estábamos haciendo mucho en todo el mundo. Todo estaba pagado; no
teníamos deudas. Habíamos llegado a ese lugar donde podríamos
honestamente habernos relajado y disfrutado de las bendiciones
que Dios había derramado sobre nosotros. Pero sentí el impulso del Espíritu Santo diciendo: "Hay más". Nunca debemos con-
formarnos con ese espíritu mediocre y tibio. Si no tiene cuidado,

puede colarse en su caminar con Dios, y empieza usted a pensar: "Soy salvo. Voy de camino al cielo. Soy bueno. Tengo de Dios todo lo que necesito". Quiero asegurarle: ese es un modo de pensar equivocado. Usted tiene mucho más espacio para ser ensanchado en su espíritu y en el sueño que Dios tiene para su vida. Donde no hay esperanza en el futuro, no hay poder en el presente.

Jabes no oró: "Oh, si me bendijeras para que pudiera disfrutar de todo para mí mismo sin importarme quién tenga necesidad". Creo que el Espíritu Santo tiene un plan para llevarle a los lugares y a las personas que Él quiere que conecten con usted. Cuando le pide a Dios que extienda su territorio, lo que en realidad está diciendo es: "Señor, gracias por los logros del pasado, pero no dejes que se detengan; creo que hay más que yo puedo hacer". Me encanta la actitud de Caleb. Ese hombre tenía ochenta y cinco años de edad cuando acudió a Josué y le pidió el monte que Moisés le había prometido como su herencia. Era la tierra que él y los demás fueron enviados a espiar. Caleb y Josué regresaron con el informe positivo de que podían tomar la tierra, pero los otros espías volvieron los corazones del pueblo contra ellos. Caleb y Josué tuvieron que vagar en aquel desierto con el resto de los israelitas durante los siguientes cuarenta años, *sin* murmurar ni quejarse. Entonces Caleb se acercó a Josué y le dijo:

> Cuando le pide a Dios que extienda su territorio, lo que en realidad está diciendo es: "Señor, gracias por los logros del pasado, pero no dejes que se detengan; creo que hay más que yo puedo hacer".

Todavía estoy tan fuerte como el día que Moisés me envió; cual era mi fuerza entonces, tal es ahora mi fuerza para la guerra, y para salir y para entrar. Dame, pues,

ahora este monte, del cual habló Jehová aquel día; porque tú oíste en aquel día que los anaceos están allí, y
que hay ciudades grandes y fortificadas. Quizá Jehová
estará conmigo, y los echaré, como Jehová ha dicho.

—Josué 14:11-12

Caleb estaba decidido. Él se iba a ocupar. Los hijos de Israel
habían entrado en la Tierra Prometida, pero Caleb sabía que *había
más*. Durante cuarenta años él mantuvo su boca cerrada y se con-
formó con lo "mediocre", aunque podría haber estado en la Tierra
Prometida todo ese tiempo si el resto del pueblo hubiese confiado en Dios en lugar de creer un informe negativo. Él creía que
había más grandes batallas que pelear mientras el Señor estuviera
con él. Si el Señor dijo que Caleb podría expulsar a los gigantes en
aquella tierra cuando tenía cuarenta años, entonces Caleb, incluso
con ochenta y cinco, estaba dispuesto a decir: "Aquí estoy, Señor;
¡extiende mi territorio para tu gloria!".

Caleb era un anciano que se atrevió a creer a Dios por cosas
poderosas. En Josué, capítulo 15, vemos que Caleb tomó exitosamente ese monte, expulsando a los gigantes de la tierra tal como
Dios había prometido. Su persistencia fue transmitida también a
la siguiente generación. Después de haber conquistado Hebrón, la
hija de Caleb, que había sido prometida en matrimonio al hombre que también le ayudó a tomar la tierra de Quiriat-sefer, pidió
extender su territorio. Ella le dijo a su padre: "Concédeme un don;
puesto que me has dado tierra del Neguev, dame también fuentes
de aguas. El entonces le dio las fuentes de arriba, y las de abajo"
(Josué 15:19).

## El ayuno de "si mi pueblo"…

Jabes fue un hombre. Una persona. Un hombre ilustre cuya oración Dios respondió. En 2 Crónicas 7:14, un versículo con el que
muchos están familiarizados, Dios dice: "Si mi *pueblo*…". ¿Sabe
lo que se necesita para ser el pueblo de Dios? Primero tiene que
ser usted una *persona* de Dios. Un hombre o mujer de Dios. Un

adolescente de Dios. Un veterano guerrero de Dios. El Jabes de Dios que causó dolor a su mamá al nacer, o Caleb que dirá con un corazón humilde y apasionado: "Dios, quiero más. Quiero más de ti, y quiero hacer más para ti". Para ese tipo de persona hay grandes recompensas y promesas a ser descubiertas en los "si... entonces" de la Palabra de Dios. El versículo completo dice:

Si se humillare mi pueblo, sobre el cual mi nombre es invocado, y oraren, y buscaren mi rostro, y se convirtieren de sus malos caminos; entonces yo oiré desde los cielos, y perdonaré sus pecados, y sanaré su tierra.

—2 Crónicas 7:14

En primer lugar, a fin de ser el pueblo de Dios, debe usted ser una persona de Dios. Lo siguiente que Dios requiere en esta promesa es *humildad*. ¿Qué significa humillarse a sí mismo? Hay docenas de programas sobre hacerlo uno mismo en televisión en estos tiempos, incluso un canal de cable dedicado por completo a ello. Programas con títulos como *I Hate My Kitchen*, *Renovation Realities* y *Yard Crashers* presentan muchos consejos sobre cómo derribar y reconstruir su cocina, su casa y su jardín con sus propias manos y algunas herramientas.

Cuando se trata de humillarse, el programa de bricolaje se titularía *Derribo del orgullo*, ¡y la principal herramienta utilizada sería el ayuno!

El ayuno es humillante. David oró: "Pero yo, cuando ellos enfermaron, me vestí de cilicio; *afligí con ayuno mi alma*" (Salmos 35:13, énfasis añadido). Esdras necesitaba cruzar un peligroso territorio con un grupo grande de adultos y niños. Por tanto, dijo: "Y publiqué ayuno allí junto al río Ahava, *para afligirnos* delante de nuestro Dios, para solicitar de él camino derecho para nosotros, y para nuestros niños, y para todos nuestros bienes" (Esdras 8:21, énfasis añadido). Esdras no se apoyó en su propio entendimiento, sino que se humilló y pidió a Dios que le mostrase el mejor camino para viajar.[1] Los discípulos se peleaban por el rango y la superioridad cuando Jesús les dijo: "De cierto os digo, que si no os volvéis y os hacéis como niños, no entraréis en el reino de los cielos. Así que, cualquiera que se humille como este niño, ése es el mayor en el reino de los cielos" (Mateo 18:3-4). Más adelante, como vemos en Mateo 23, Jesús les dijo a sus discípulos y a las multitudes que se habían reunido: "Porque el que se enaltece será humillado, y el que se humilla será enaltecido" (v. 12).

En el capítulo anterior hablé sobre cómo Dios reprendió al pueblo en tiempos de Isaías que ayunaba como rutina religiosa. Ellos en realidad se *enorgullecían* de su fidelidad al ayuno. Jesús compartió una parábola similar, del fariseo y el publicano.

> A unos que confiaban en sí mismos como justos, y menospreciaban a los otros, dijo también esta parábola: Dos hombres subieron al templo a orar: uno era fariseo, y el otro publicano. El fariseo, puesto en pie, oraba consigo mismo de esta manera: Dios, te doy gracias porque no soy como los otros hombres, ladrones, injustos, adúlteros, ni aun como este publicano; ayuno dos veces a la semana, doy diezmos de todo lo que gano. Mas el publicano, estando lejos, no quería ni aun alzar los ojos al cielo, sino que se golpeaba el pecho, diciendo: Dios, sé propicio a mí, pecador. Os digo que éste descendió a su casa justificado antes que el otro; porque cualquiera que se enaltece, será humillado; y el que se humilla será enaltecido.
>
> —Lucas 18:9-14

Jesús compartió eso con personas que Él sabía que "confiaban en sí mismos", considerándose a sí mismos justos y menospreciando a todos los demás. ¡Ellos habrían sido los protagonistas del primer episodio de *Derribo del orgullo*! El fariseo ayunaba, pero ayunaba sin humildad; era solamente otra rutina pomposa y religiosa. El ayuno es humillarse a uno mismo, un mandamiento repetido una y otra vez en la Escritura. Yo creo en esta poderosa promesa de Dios. El ayuno como un medio de humillarnos es claramente un requisito previo para el resto.

Cuando nosotros, como pueblo de Dios, comencemos a humillarnos mediante el ayuno, Él nos invita a orar y buscar su rostro. El ayuno, creo yo, es nuestra manera de llegar al corazón de Dios que se duele por la humanidad sufriente y quebrantada que Él creó y ama. El ayuno abraza el vacío y mata de hambre la altivez. Es una forma de apartarse de la vida normal en el mundo normal y corriente en el que vivimos, vaciándonos no solo de comida sino también de todo aquello que buscamos, anhelamos y requerimos por necesidad y que no es el rostro de Él. Deberíamos ayunar no solo de comida sino también de entretenimientos, de medios de comunicación y de basura mundana, manjares de la mesa del mundo, cosas que contaminan y limitan el poder de un ayuno. El ayuno es nuestro "lenguaje corporal" a Dios. Cuando ayunamos, estamos expresando el hambre de nuestro corazón por Jesús y lo serios que somos en cuanto a oír su voz y seguir sus caminos. Desde un lugar de humildad cuando oramos y buscamos el rostro de Él, obtenemos sus ojos, sus oídos y su voz. Nos posicionamos para ser "elevados" y ver como Él ve, oír lo que Él quiere que oigamos y aprender el sonido de su susurro guiando nuestros pasos. Cuando oramos y le buscamos a Él en lugar de buscar solo lo que Él puede hacer por nosotros, somos impulsados a proceder al siguiente paso: apartarnos de los malos caminos.

Llega un punto en su vida en que tiene que *darse la vuelta*. No más concesiones. No más doble vida. No más pecados ocultos que solo están ocultos en su mente; Dios los ve, y la mayoría de personas cercanas a usted probablemente también los vean. Es momento de tomar la decisión de que cualquier cosa que haya en su vida y no esté en consonancia con la Palabra de Dios tiene que irse. Cuando usted decide en su corazón ayunar y buscar el rostro de Dios, humillándose delante de Él, Él será fiel para mostrarle esas áreas en su vida que carcomen como un cáncer su alma y evitan que entre en la plenitud de lo que Él tiene para usted. El ayuno y la oración le hacen mucho más consciente de la tremenda gracia y misericordia de Él que están a su disposición, ¡para romper toda cadena del diablo!

La maldad no está solo limitada a una vida inmoral, hábitos de pecado e iniquidades. La Biblia dice que la maldad incluso se manifiesta en falta de perdón y cuando usted entierra su talento. En Mateo 18, Jesús relató la parábola del siervo que debía diez mil talentos pero no podía pagar. Iba a ser vendido, y su familia con él, para cubrir la deuda, pero él rogó misericordia y se le perdonó toda su deuda debido a la compasión de su señor. Aquel mismo siervo salió e inmediatamente comenzó a golpear a otro siervo que le debía una cantidad mucho menor, ¡e hizo que le metieran en la cárcel por ello! Cuando el amo compasivo se enteró, se enfureció y dijo: "Siervo malvado, toda aquella deuda te perdoné, porque me rogaste. ¿No debías tú también tener misericordia de tu consiervo, como yo tuve misericordia de ti?" (vv. 32-33). Jesús concluyó esta parábola con la advertencia: "Así también mi Padre celestial hará con vosotros si no perdonáis de todo corazón cada uno a su hermano sus ofensas" (v. 35).

Una parábola es una historia con una lección para que los oyentes la apliquen a sus vidas. En Mateo 25, Jesús relató otra parábola sobre un hombre que se fue de viaje. El hombre tenía siervos, "a uno dio cinco talentos, y a otro dos, y a otro uno, a cada uno conforme a su capacidad" (v. 15). El hombre que recibió un talento tenía capacidad. Puede que no tuviera la misma capacidad que los otros dos, pero sí tenía capacidad para hacer algo con el talento que se le entregó. Pero no lo hizo; en cambio, lo enterró. Los otros dos presentaron a su señor un beneficio cuando él regresó, pero el otro no. Tan solo desenterró lo que se le había entregado, sin haber sido utilizado, y se lo devolvió al hombre. Su señor respondió: "Siervo malo y negligente… debías haber dado mi dinero a los banqueros, y al venir yo, hubiera recibido lo que es mío con los intereses" (vv. 26-27). Jesús comparó esta historia con el Reino de los cielos.

Dios da a sus hijos según su capacidad. Debemos tomar lo que Dios nos ha dado y maximizarlo. El siervo no fue llamado "malo" simplemente porque no produjo lo que produjo el que tenía cinco talentos. Nunca se esperó de él que hiciera eso. Fue llamado malo porque no tomó lo que tenía y dijo: "Puede que no sea un hombre de cinco talentos. Puede que no sea un hombre de diez talentos. Puede que no esté destinado a tener todo lo que ellos tienen. ¿Pero sabes qué? Tengo algo. Tengo la capacidad de hacer algo para maximizar lo que Dios me ha dado". Lo admitiré. ¡Yo solía mirar mi único talento y ponerme triste cuando veía a otras personas predicar muy bien con sus diez talentos! Pero aprendí que si entrego a Dios mi único talento, Él puede multiplicarlo para sus propósitos y ponerme donde necesito estar para darle gloria a Él. ¿Se está aferrando a las cosas con demasiada rigidez? Es momento de ayunar y orar. El ayuno aflojará su mano. El ayuno le ayudará a ver lo que es realmente importante a medida que se aleje de la maldad en todas sus formas.

## "Entonces oiré desde los cielos…"

Cuando nos comprometemos seriamente a humillarnos, orar, y buscar el rostro de Dios y apartarnos del mal, ¡Él promete escucharnos! Él promete perdonar nuestro pecado y sanar nuestra tierra. Nuestra tierra, esta nación, tiene una profunda necesidad de sanidad. Solamente una persona no puede detener el pecado del aborto en nuestra tierra, pero Dios puede cuando nos humillamos y le buscamos. Solamente una persona no puede detener la marea de inmoralidad que barre a los EE. UU., pero Dios puede perdonar nuestro pecado y sanar nuestra tierra. Si Él levantase su mano para borrar la maldad en la tierra hoy, ¿cuántos creyentes que no han perdonado a alguien, que no han utilizado lo que Dios les dio, que no han roto la tenacidad de hábitos de pecado e iniquidades del pasado serían barridos juntamente con el resto?

Esta promesa es para todos nosotros, cada día: si nosotros lo hacemos, Él lo hará. Cuando ayuna y ora de esta manera, ¡afectará a generaciones! Cuando establece usted un fundamento sólido de humillarse en ayuno y oración y en dejar la maldad, el impacto no tendrá medida. La mayoría de personas nunca han escuchado de un hombre llamado George McCluskey. Pero George era un hombre de oración. No sé con seguridad si él mezclaba el ayuno con su oración, pero creo que lo hacía. George estaba preocupado por sus hijos y decidió apartar una hora cada día para orar por ellos. Cada día, desde las 11:00 de la mañana hasta las 12:00 de la mañana, oraba por sus hijos. Sus hijas finalmente se casaron con ministros, y su hijo llegó a ser ministro. Los hijos de estos crecieron y se casaron, o se convirtieron en ministros. Y una de las nietas de George resultó que se convirtió en la madre de alguien de quien la mayoría de personas ha escuchado: el Dr. James Dobson, fundador de Enfoque en la Familia y ahora *Family Talk*. El Dr. Dobson compartió recientemente en un programa de radio que el tiempo de oración diario de su bisabuelo era en cierto modo legendario en la familia. George McCluskey falleció poco tiempo antes de que naciese James Dobson. Pero sus oraciones, amontonadas a favor de James, han ayudado a bendecirle y guardarle. Dobson dijo que su bisabuelo se equivocó en una área. Parece que George anunció a la familia antes de morir que el Señor le había prometido que cada miembro de su familia durante cuatro generaciones estaría en el ministerio. Pero la promesa se ha extendido incluso más allá de la quinta generación, con el hijo de Dobson, Ryan, sirviendo al Señor como ministro ordenado.[2]

## ¡Que fluya el río!

Creo que Dios está preparado para soltar un poderoso río de su presencia y poder en nuestra tierra, pero no creo que llegará como una ola repentina. Creo que Él está esperando a que las «personas» de Dios se unan en ayuno, oración y búsqueda de su rostro. A causa de Dios, una persona llega a ser como ese copo de nieve creado de modo único que tranquilamente se posa en el pico de la cordillera de los Andes. Cuando la temperatura se eleva, esos copos individuales se funden, formando diminutos riachuelos. Esos diminutos riachuelos se unen para alimentar corrientes pequeñas. Esas corrientes pequeñas alimentan otras más grandes, y esas corrientes más grandes confluyen en el río más largo del mundo: el potente río Amazonas. El Amazonas no comenzó como el mayor río del mundo... comenzó como copos de nieve. Sin embargo, libera al océano mayor cantidad de agua que cualquier otro río en la tierra. ¡La fuerza y el volumen del Amazonas es tan fuerte que su corriente de agua empuja las saladas aguas del océano Atlántico aproximadamente 250 millas! Se dice que incluso cambia el color del agua del océano Atlántico en la zona que cubre casi 1 millón de millas cuadradas.[3] Eso da una nueva perspectiva a las palabras de Habacuc: "Porque la tierra será llena del conocimiento de la gloria de Jehová, como las aguas cubren el mar" (Habacuc 2:14).

> Cuando establece usted un fundamento sólido
> de humillarse en ayuno y oración y en dejar la
> maldad, el impacto no tendrá medida.

Claramente, ¡es momento de recuperar la vanguardia! Dios está buscando a una persona, a personas, que ayunen y oren, que busquen su rostro y abandonen la maldad. Esas personas formarán un potente río que empujará la oscuridad y la impiedad; romperá las cadenas de atadura y libertará a los cautivos. Cuando nuestros estómagos estén vacíos de la basura del mundo, entonces, como dijo Jesús, ¡correrá un santo río de agua viva![4]

Es momento de dejar de esperar que otra persona lo haga. Dios dijo: "Si mi pueblo". No el mundo; no los demócratas; no los republicanos. Jesús dijo: "Mis ovejas oyen mi voz, y yo las conozco, y me siguen" (Juan 10:27). Es hora de ponernos serios y seguir verdaderamente a Jesús en su ejemplo. Antes de realizar ningún ministerio, Él ayunó afilando su hacha para las batallas que había por delante. Jesús dijo: "Porque el que se enaltece será humillado, y el que se humilla será enaltecido" (Mateo 23:12). El hombre no puede humillarle cuando Dios le exalta. Su influencia para Dios se extenderá como ese poderoso Amazonas y empujará las tinieblas.

El sistema no puede retenerle; las personas pueden obstaculizarle cuando Dios dice: "Yo le exaltaré".

El contexto de esta promesa que se encuentra en 2 Crónicas 7:14 es la finalización del templo. Salomón había terminado de construir la casa de Dios y realizó una elaborada celebración para dedicarla al Señor. Dios se agradó, escogiéndola para sí mismo como un lugar de sacrificio. Con frecuencia pasamos por alto los versículos que están antes y después del versículo 14. Dios dijo que cuando lleguen los momentos difíciles, incluso de su mano, si su pueblo se humilla y ora y busca su rostro, y deja la maldad, entonces Él perdonará y sanará el daño que nuestro pecado haya producido sobre la tierra. Él prometió que sus ojos estarían sobre ese lugar, esa iglesia, esas personas, esa persona que haga eso.

Es momento de que oremos, busquemos el rostro de Dios y abandonemos la maldad. Es momento de dejar de quejarnos de que no haya una voz en el gobierno que hable contra la inmoralidad, contra el negocio de asesinar a niños no nacidos, contra el tráfico de seres humanos, contra la agenda homosexual, y nos convirtamos en ese potente río, la voz que Dios utilizará para inundar una nación de justicia, de su gloria. Yo cruzo en avión este país cada semana a fin de predicar en las dos iglesias Free Chapel. A veces en esos viajes mi corazón siente mucha carga por EE. UU. Creo que Dios puede intervenir y hacer grande a EE. UU., más grande de lo que ha sido nunca. ¡Pero necesitamos clamar por una intervención nacional! Pedir a Dios, como hizo Jabes, que extienda sus fronteras y le bendiga no significa que la manifestación de esa oración se detenga en el interior de su puerta. No se trata de "nosotros cuatro y nada más". Se trata de una intervención nacional y mundial.

## ¿Mayores cestos?

Prediqué sobre la vida y la oración de Jabes un domingo en la mañana en el año 2003 en Free Chapel. Seguíamos estando en nuestro anterior edificio en la carretera McEver en aquel tiempo. El Señor había puesto una fuerte impresión en mi corazón de decir a la congregación que consiguieran «cestos mayores», porque Él estaba a punto de extender nuestras fronteras. Fue sencillamente una palabra de Dios; una sencilla palabra rema que inspiró a la congregación a ayunar y orar con respecto a lo que Dios nos llamaba a hacer. Nos lo tomamos en serio.

Jabes oró: «Bendíceme y extiende mi territorio». Pero hay algunos requisitos para cualquiera que desee que su territorio sea extendido. He encontrado algunos requisitos concretos relacionados con esto en el capítulo 54 de Isaías. El capítulo comienza alentando a la estéril a cantar porque las cosas están a punto de cambiar y extenderse sobre todo el lugar. Esterilidad es no estar cumplido; pero la esterilidad no intimida a Dios. La solución a la esterilidad requiere extensión y ensanche.

Ensancha el sitio de tu tienda, y las cortinas de tus habitaciones sean extendidas; no seas escasa; alarga tus cuerdas, y refuerza tus estacas.

—Isaías 54:2

En primer lugar, debemos rechazar la pequeñez. Ensanchar requiere que salgamos de nuestros pequeños moldes, nuestras pequeñas rutinas, nuestro pensamiento estrecho y nuestra limitada perspectiva de Dios. Pensamos con demasiada pequeñez para los planes y la capacidad de Dios. Necesitamos avanzar y no retroceder, siempre agradecidos, pero siempre creyendo a Dios por más. Caleb y Josué vieron un lugar de extensión delante de ellos, pero el resto retrocedió y se quedó pequeño. Caleb y Josué creyeron que podía hacerse, pero el resto dijo que tenían temor a intentarlo, y se quedaron con su pensamiento estrecho. Cuando usted capta la visión de Dios para ensanchar su tienda, se cansa de hablar todo el tiempo sobre cosas pequeñas. Se harta de oír lo que no puede hacerse. Si espera hasta que todo sea perfecto antes de dar un paso y seguir al Señor, nunca hará nada. Si permite que las pequeñas cosas le hagan tropezar y ocupar su tiempo, la pequeñez tomará su vida y le robará lo que Dios quiere hacer en su vida.

En segundo lugar, extender el lugar de su tienda significa hacer espacio para algunas personas nuevas en su vida. ¡Las personas le e-n-s-a-n-c-h-a-r-á-n! Prepárese para obtener algunos marcadores de extensión; son una señal de que su esterilidad ha llegado a su fin. Las relaciones con personas ensancharán sus nervios, ensancharán su paciencia y ensancharán su vida de oración. Una goma elástica nunca cumplirá su propósito hasta que sea estirada, y tampoco lo haremos usted ni yo. Cuando somos estirados es cuando somos más vulnerables. Eso es lo que no nos gusta del estiramiento. Queremos estar cómodos y seguros. Es más fácil quedarnos sentados en nuestra bendita seguridad y tan solo esperar a que llegue el rapto que creer a Dios por cosas mayores. Pero si quiere usted más, si está cansado de una vida cumplida, infructuosa y estéril, entonces Dios está diciendo: "Extiéndete y estírate". Nunca verá usted un milagro hasta que estire su fe. El Señor nos extendió desde nuestra situación en Brown Bridge hasta las instalaciones en la carretera McEver, y entonces nos extendió a este terreno de 150 acres. Pero no se detuvo ahí. Ahora estamos ampliando este actual edificio para dar cabida a otros dos mil de nuestros amigos y familiares en esta zona por la que estamos orando: orando para que ellos sean salvos y liberados.

Ahora bien, algo tiene que apoyar toda la extensión. Creo que por eso el profeta dijo: "No seas escasa". Si quiere ser estirado y extendido, requerirá algunas cuerdas nuevas y más largas para sostener esa tienda, y tendrá usted que poner algunas estacas fuertes en la tierra para mantener la tensión adecuada de esas cuerdas.

Nunca olvidaré la primera y única acampada en que mi familia se embarcó. Los niños eran aún muy pequeños en esa época. Alguien nos prestó una tienda grande, así que hicimos planes para dejar nuestra cómoda casa después de la reunión un domingo y conducir hasta las montañas para pasar un maravilloso tiempo de acampada con nuestros hijos. Desde luego, salimos tarde, y por eso no llegamos al lugar de acampada hasta que casi había oscurecido. Utilizando los faros del auto, comencé a intentar levantar la gran tienda. Para entonces, todos los bebés lloraban y tenían hambre. Yo até frenéticamente las cuerdas de la tienda a todo tipo de cosas tan solo para intentar que se viese recta y fuese segura. Finalmente conseguí que se viera en cierto modo correcta, y dimos de comer y acomodamos a todos los niños. Iba bastante bien hasta algún momento en mitad de la noche cuando mi esposa dijo: "Algo está goteando en mi cabeza". Había comenzado a llover. Peor aún, había comenzado a llover *dentro* de la tienda. ¡Yo encendí una linterna para descubrir que todo el techo de la tienda había cedido! Yo no había utilizado cuerdas lo bastante largas o estacas lo bastante fuertes: una dolorosa lección a aprender cuando tu esposa se está mojando por la lluvia en mitad de la noche. Nos apresuramos a salir de la tienda, metimos todo en el auto y condujimos hasta el hotel más cercano, dejando a nuestras espaldas toda la experiencia.

Cuando Dios le dice que extienda sus cuerdas, significa alargar su alcance. Las tiendas más anchas requieren cuerdas más largas para mantenerlas en su lugar de modo seguro. Cuando extiende sus cuerdas, también debe fortalecer sus estacas. No ate su tienda a débiles ramas de árboles si quiere que se sostenga. Tiene que clavar grandes y fuertes estacas en la tierra. Con una mayor extensión debe tener mayor estabilidad. La calamidad golpea cuando usted está creciendo externamente sin aumentar su estabilidad y clavar profundamente sus estacas en el cimiento de la verdad de Dios. La vida es como un inmenso árbol. Un aumento en las ramas requiere un aumento en las raíces. Cuantas más ramas se extiendan, más profundas deben estar las raíces.

Recuerdo haber predicado aquel domingo sobre la oración de Jabes y haber dicho que Dios iba a extender este ministerio de este a oeste e internacionalmente. No teníamos una iglesia en California en aquel momento, pero poco después el Señor me habló durante un ayuno de que se estaban abriendo las puertas para que nos extendiésemos hacia el oeste. Nuestras emisiones internacionales de programas siguen extendiéndose y alcanzando más almas para Jesús. Creo que esas expansiones y sólido crecimiento han nacido en fidelidad al ayuno. Encontramos recompensa y sabiduría cuando apartamos el ruido del mundo y nos alejamos para oír el corazón de Dios mediante el ayuno y la oración. Es entonces cuando puede usted oír esa sencilla palabra que puede llevarle de gloria en gloria, de fe en fe, de edificio en edificio, de nación en nación, de multitudes a más multitudes de almas. Cada vez que este ministerio ha pasado de un nivel a otro, Dios lo ha hecho.

Pero Dios tuvo que tomarnos como congregación y ponernos en expansión, en estiramiento, en alargamiento y en fortalecimiento. Sentimos la presión y el estrés de ello, pero estoy muy contento de que no nos lo ahorrásemos; no retrocedimos.

# Capítulo 6

~

# El hambre satisface el hambre

La mayoría de nosotros no tenemos problema alguno para saber cuándo es momento de comer. Como regla general, a todos nos criaron con el desayuno en la mañana, comida a mediodía y cena en la noche. Recuerdo algunas familias agrícolas "en los viejos tiempos" que desayunaban inmensamente antes de que saliera el sol para poder salir y comenzar su día al amanecer con el estómago lleno. Otras se levantaban antes de que saliera el sol y trabajaban varias horas en el frescor del día antes de desayunar, y después no cenaban hasta bien entrada la noche. Hay dietas de moda en la actualidad que nos dicen que hagamos seis o siete comidas más pequeñas a lo largo del día en lugar de tener tres comidas principales. Los bebés recién nacidos puede que necesiten alimentarse cada dos horas durante sus primeras semanas de vida. En última instancia, ¡comemos cuando tenemos hambre!

¿Pero se sabe cuándo ayunar? Quiero decir que es fácil reconocer el hambre física, ¿pero el hambre espiritual? Hay veces en que su iglesia puede llamar a un ayuno colectivo, invitando a todos los que son parte de ese cuerpo de creyentes a unirse y participar por una causa concreta. Nosotros recibimos llamadas, cartas y mensajes de correo electrónico de todo el mundo, de iglesias que se han unido al movimiento del ayuno, participando en el primer ayuno del año de veintiún días, y están cosechando las recompensas de su fidelidad. Pero también hay veces en que debería usted ayunar individualmente, y necesita saber cómo reconocer esos momentos.

## Tareas colosales

¿Ha afrontado alguna vez algo que sabía que era imposible lograr por usted mismo? Casi 150 años después de que los asirios conquistasen las tribus del norte de Israel y los ejércitos babilonios llevasen cautiva a la tribu de Judá, la ciudad de Jerusalén estaba en ruinas. El templo estaba destruido, los muros estaban derribados y las puertas quemadas. Solo quedaban unas cuantas familias, y tan solo se movían entre los montones de escombros. Un hombre llamado Nehemías trabajaba en el palacio del rey de Susa, a unas 800 millas (1,200 km) de Jerusalén. Dios dio a Nehemías una carga por la ciudad de su pueblo. Cuando él recibió noticias sobre el estado de Jerusalén, dijo: "Cuando oí estas palabras me senté y lloré, e hice duelo por algunos días, y ayuné y oré delante del Dios de los cielos" (Nehemías 1:4). Nehemías sabía que tenía que hacer algo. Ayunó y oró, intercediendo por los pecados del pueblo de Israel y pidiendo a Dios que le diese favor con su jefe, el rey. Dios dio a Nehemías el sueño de reconstruir los muros. Era una tarea colosal, y solo Dios podía hacer que sucediera.

¡El libro de Nehemías es muy alentador! Es una buena lectura cuando está usted realizando un ayuno. Cuando lo pensamos, Nehemías probablemente vivía muy bien en el empleo del rey, sin embargo, anhelaba dejar todo eso a fin de realizar la tarea que Dios había puesto en su corazón. Contra todo pronóstico, ¡Nehemías terminó la tarea! Él escribió en su diario: "Fue terminado, pues, el muro, el veinticinco del mes de Elul, *en cincuenta y dos días*. Y cuando lo oyeron todos nuestros enemigos, temieron todas las naciones que estaban alrededor de nosotros, y se sintieron humillados, y conocieron que por nuestro Dios había sido hecha esta obra" (Nehemías 6:15-16, énfasis añadido). Dios no solo le dio una manera de hacerlo, sino que también capacitó y equipó a Nehemías para hacerlo en un período de tiempo ridículamente corto. ¡Nehemías afiló su hacha antes de comenzar! Él se abrió paso entre las constantes amenazas del enemigo y terminó la tarea.

Puede que usted no esté reconstruyendo muros de ciudades, pero Dios ha puesto un sueño en su corazón. Ayune y ore para obtener los medios y la dirección de Él para lograrlo. Quizá esté comenzando un nuevo negocio, un nuevo ministerio, una nueva carrera o una nueva familia. Quizá haya decidido adoptar a un niño con problemas o que tiene discapacidades físicas. Ayune y ore para obtener el poder y la dirección de Dios para terminar la tarea.

## Peligro físico o bajo ataque

La reina Ester y todos los judíos estaban bajo amenaza de exterminio a manos de Amán. Él había manipulado al rey a fin de que emitiera un decreto llamando a que los judíos fuesen borrados de la faz de la tierra. Ester, aunque era solo una joven, había aprendido mucho de su primo Mardoqueo. Ella convocó un ayuno de tres días para los judíos e incluso para las personas que estaban bajo su cargo en el palacio.[1] Lo que el enemigo había propuesto para mal, Dios lo cambió para bien porque alguien se humilló, ayunó, oró, y buscó su rostro. Amán y todos sus hijos fueron colgados en la horca que había preparado para Mardoqueo, y los judíos fueron salvados.[2]

En 2 Crónicas, capítulo 20, Josafat estaba rodeado por sus enemigos.

> Pasadas estas cosas, aconteció que los hijos de Moab y de Amón, y con ellos otros de los amonitas, vinieron contra Josafat a la guerra. Y acudieron algunos y dieron aviso a Josafat, diciendo: Contra ti viene una gran multitud del otro lado del mar, y de Siria; y he aquí están en Hazezon-tamar, que es En-gadi. Entonces él tuvo temor; y Josafat humilló su rostro para consultar a Jehová, e hizo pregonar ayuno a todo Judá. Y se reunieron los de Judá para pedir socorro a Jehová; y también de todas las ciudades de Judá vinieron a pedir ayuda a Jehová.
> —2 Crónicas 20:1-4

Josafat convocó un ayuno colectivo, ¡y el pueblo fue muy motivado a unirse a él para buscar al Señor! Cuando se humillaron mediante el ayuno y la búsqueda del Señor, abrieron la puerta para que Dios no solo los liberase, sino también pelease la batalla *por* ellos. Dios respondió la petición de Josafat, diciendo: "No temáis ni os amedrentéis delante de esta multitud tan grande, porque no es vuestra la guerra, sino de Dios" (v. 15).

¿Está usted bajo ataque? ¿Está alguien calumniándole o amenazando con daño físico? Es momento de ayunar y orar. A veces da la sensación de que el enemigo ha entrado como una inundación contra usted; ayune y ore. ¿Está afrontando algo que le situará en peligro físico? ¿Tiene que afrontar una operación, un peligroso viaje de algún tipo? ¿Sirve en el ejército o tiene un cónyuge, un hijo o una hija allí que corren peligro físico? Debería usted ayunar y orar. Puede ayunar y orar por la protección de sus hijos, como Esdras, que convocó un ayuno para proteger y guiar a "los pequeños".

## Consternación

Cuando se trata de orar por los pequeños, no conozco otra época en la Historia en la que fuese más necesario que en la actualidad. El hecho de que vivimos en una sociedad donde el tráfico de seres humanos (trata), concretamente la venta de niños en el mercado del sexo, podría convertirse en el segundo delito más importante en la nación es totalmente horroroso. No simplemente porque haya hombres y mujeres malos que raptan u obligan a niños a estar en el mercado del sexo, ¡sino porque hay hombres que pagan por practicar sexo con niños! Lo único más horroroso aún es cómo esta nación ha dicho que se puede prescindir de nuestros hijos, comenzando en el vientre de su madre. Cuando se puede matar a un niño en el vientre, ¿qué valor da una nación a un niño cuando ha nacido? Cuando nuestro gobierno debate leyes que utilizarán los impuestos de usted para financiar el asesinato de los no nacidos mediante el aborto legal, es momento de ayunar y orar por la sangrienta culpabilidad de esta nación debido a millones de niños abortados. Los no nacidos son los más pequeños entre nosotros, y los más vulnerables a ser destruidos en nombre de la conveniencia.

## Opresión demoniaca

Jesús dijo que hay veces en que nada sino ayuno y oración expulsará la fuente de opresión demoniaca en la vida de alguien. Los discípulos tuvieron un encuentro con esta verdad cuando intentaron expulsar un espíritu mudo y sordo del hijo de un hombre. Cuando Jesús llegó:

> Puede ayunar y orar por la protección de sus hijos, como Esdras, que convocó un ayuno para proteger y guiar a "los pequeños".

Reprendió al espíritu inmundo, diciéndole: Espíritu mudo y sordo, yo te mando, sal de él, y no entres más en él. Entonces el espíritu, clamando y sacudiéndole con violencia, salió… Cuando él entró en casa, sus discípulos le preguntaron aparte: ¿Por qué nosotros no pudimos echarle fuera? Y les dijo: Este género con nada puede salir, sino con oración y ayuno.

—Marcos 9:25-29

Los demonios son reales, y la opresión demoniaca es real. Jesús comenzó su ministerio terrenal con un duro ayuno de cuarenta días y dio a sus seguidores autoridad sobre el poder del enemigo.[3] Los discípulos no habían estado ayunando mientras Jesús estaba con ellos, pero estaba claro que se esperaba de ellos que lo hicieran cuando Él se fuese.[4] Personas en todo el mundo están atadas por la opresión demoniaca. El "ayuno escogido" de Dios es para nosotros, su pueblo que invoca su nombre, para liberar a quienes están atados y oprimidos.

## El impulso del Espíritu Santo

Como dije anteriormente, el Espíritu Santo sabe cuándo necesita usted ayunar. Él condujo a Jesús a su primer ayuno en el desierto. El Espíritu Santo sabe cuándo está usted perdiendo la vanguardia en su vida, cuándo se está desviando y desafilando. Él lo sabe mucho antes de que haya suficiente evidencia para que usted lo reconozca en su propia vida. No descarte los impulsos de Él cuando las cosas sean "buenas". Jesús dijo del Espíritu Santo: "Pero cuando venga el Espíritu de verdad, él os guiará a toda la verdad; porque no hablará por su propia cuenta, sino que hablará todo lo que oyere, y os hará saber las cosas que habrán de venir. El me glorificará; porque tomará de lo mío, y os lo hará saber. Todo lo que tiene el Padre es mío; por eso dije que tomará de lo mío, y os lo hará saber" (Juan 16:13-15). Dos veces dijo Jesús que el Espíritu de verdad, el Consolador, tomaría de lo suyo y nos lo haría saber. Cuanto más escoge usted hacer del ayuno y la oración parte de su vida, más sensible se vuelve al Espíritu de Dios para saber cuándo es momento de ayunar.

Su espíritu tiene hambre de las cosas de Dios al igual que su estómago tiene hambre de comida. En Samaria, los discípulos llevaron comida para Jesús, pero Él les dijo que Él tenía comida que comer que ellos no conocían: hacer la voluntad del Padre.[5] Cuando participe usted en períodos de ayuno y oración, experimentará un hambre física, pero normalmente se desvanece. Lo más importante es que su hambre espiritual aumenta y solo puede ser satisfecha con la voluntad de Dios y con cumplir el llamado de Él para su vida. La gente en Samaria tenía hambre de verdad. La mujer del pozo llegó a buscar agua, pero Jesús sabía que su mayor sed solamente sería satisfecha con el Agua viva. Ella dejó allí su cántaro y se fue llena a rebosar. Los discípulos estaban interesados en llenar sus propios estómagos, ¡mientras que Jesús estaba interesado en llenar una ciudad entera con el Pan de vida! El ayuno tal como el Espíritu Santo dirija le ayudará a estar en consonancia con las cosas que Dios desea hacer en su vida, ¡para usted y por medio de usted!

## Sin fecha de caducidad

A veces puede usted orar por algo, pero no parece ver la respuesta enseguida. Siga orando. No suelte su fe, ¡y no haga a un lado su confianza! Puede que aquello por lo que ora sencillamente no esté preparado o aún no sea el tiempo de Dios. Sus oraciones no serán pasadas por alto o descartadas. ¡Las oraciones no tienen fecha de caducidad! El libro de Apocalipsis incluso se refiere a copas de incienso reunido en los cielos que son las oraciones de los santos.[6] Daniel había estado ayunando y orando por tres semanas cuando el ángel del Señor se le apareció, explicándole que sus oraciones habían sido oídas en los cielos desde el primer día, pero la respuesta había sido retrasada:

> Entonces me dijo: Daniel, no temas; porque desde el primer día que dispusiste tu corazón a entender y a humillarte en la presencia de tu Dios, fueron oídas tus palabras; y a causa de tus palabras yo he venido. Mas el príncipe del reino de Persia se me opuso durante veintiún días; pero he aquí Miguel, uno de los principales príncipes, vino para ayudarme, y quedé allí con los reyes de Persia. He venido para hacerte saber lo que ha de venir a tu pueblo en los postreros días; porque la visión es para esos días.
>
> —Daniel 10:12-14

Cuando usted ora de acuerdo con la voluntad de Dios, Él oye. Puede descansar en la seguridad de que ha puesto en movimiento algo en lo sobrenatural aunque no sea usted capaz de discernirlo en lo natural.

Hechos, capítulo 10, es uno de los capítulos más poderosos en la Biblia. Antes de los eventos detallados en ese capítulo, solamente los judíos habían recibido las buenas nuevas del evangelio y el bautismo del Espíritu Santo. Pero todo cambió cuando el hombre y la persistencia de un hombre llegaron al cielo. Pedro subió al terrado de la casa de su amigo Simón para orar. Tenía hambre porque era hora de comer, pero una vez más, cuando el hombre estaba pensando en hincar el diente a un buen filete kosher grande, jugoso y bien hecho, ¡Dios tenía un plan muy distinto para la comida!

Un día antes, un ángel visitó a un devoto italiano que amaba a Dios. Las oraciones del hombre y sus ofrendas habían subido como un memorial delante de Dios. Era gentil, pero él y su casa creían en Dios y querían conocerle. Al final de cuatro días de oración, y quizá incluso de ayuno, el ángel del Señor se apareció a ese hombre llamado Cornelio y le dijo que enviase a buscar a un hombre llamado Pedro. Los hombres de Cornelio partieron y llegaron al día siguiente mientras Pedro estaba en el terrado, ¡recibiendo una visión sobre todo tipo de comida! Dios estaba usando la comida para mostrar a Pedro que Él deseaba derramar su Espíritu sobre *toda* carne, incluyendo a los gentiles. Los gentiles englobaban a todo aquel que no tuviese descendencia judía, y fueron considerados impuros por mucho tiempo por la ley judía.

Dos hombres, a kilómetros de distancia, llegaron a estar conectados por el hambre. Cornelio estaba orando con hambre de Dios. Pedro estaba en un terrado a la hora de comer recibiendo un mensaje de Dios sobre comida en lugar de estar masticándola. Los dos hombres estaban en puntos contrarios del espectro. Uno era pescador; el otro era soldado. Uno era judío; el otro era gentil. Eran completamente extraños, desconocidos el uno para el otro, pero conocidos por el Espíritu de Dios. Y por el Espíritu de Dios, fueron conectados antes de llegar a conocerse cara a cara. Debido a la pasión de Cornelio y su hambre de Dios, ¡fue enviado un mensajero con instrucciones concretas sobre Pedro y dónde encontrarle! Imagine ayunar y orar hasta el punto de que Dios envíe un ángel con instrucciones concretas que conduzcan a la liberación de cautivos y libertad de los oprimidos.

Un hombre estaba buscando; un hombre tenía la respuesta. Ambos hombres estaban orando y se estableció una conexión. Antes de encontrarse físicamente, sus oraciones se encontraron en el cielo. ¡Creo que eso es muy poderoso! Cornelio estaba acumulando oración en el cielo. Al día siguiente (no hay fecha de caducidad en la oración) el Espíritu del Señor preparó a Pedro para su papel para lo que ya había sido decretado en el cielo. Cuando Pedro subió a ese terrado para orar a la hora de comer, Dios estableció la conexión de oración, abriendo la puerta de la salvación a los gentiles.

## Establecer una conexión de oración

Quiero que entienda que el cielo tiene conexiones del Reino para usted. Cuando ora, sus oraciones contactan con las conexiones de Dios de planes, recursos y poder en el cielo. Por todo el mundo hay conexiones que Dios está estableciendo, cosas de las que no tenemos la más mínima idea, pero sencillamente siguiendo el impulso del llamado del Espíritu Santo a ayunar, tomamos parte en conexiones divinamente orquestadas. Me entristece pensar en cuántas personas no ayunan y, por tanto, no establecen esas conexiones. Mardoqueo le dijo a su prima Ester que otra persona sería levantada si ella no hacía lo que tenía que hacer. ¿Por qué querría usted permitir que su conexión fuese establecida por otra persona?

> Un hombre estaba buscando; un hombre tenía la respuesta. Ambos hombres estaban orando y se estableció una conexión.

Dios oyó el clamor del pueblo de Israel cuando estaban en esclavitud y opresión en Egipto. Él apartó a Moisés, interrumpió su rutina y le levantó como un libertador para Israel. Por todo el mundo en la actualidad Dios oye los clamores de quienes no son salvos, los clamores de quienes sufren abusos, de los oprimidos, de los cautivos, de quienes siguen a dioses falsos. Él oye a la niña de seis años que clama a un Dios al que no conoce, orando para que su papá no se meta en su cama otra vez esa noche y le haga daño. Él oye el suspiro de la niña que fue vendida a la prostitución a los

catorce años de edad, y que ahora, a los dieciocho, se ha endureci-
do por completo a fin de poder sobrevivir otro día más. Él oye al
alcohólico que llega tropezando a su casa otra vez y al drogadic-
to desesperado por drogarse otra vez. Él oye cuando uno de ellos
susurra: "Dios, si estás ahí, por favor ayúdame…", mientras cae
en el sueño inducido por la química. Pero este es el trato: ¡tiene que
haber una conexión de oración! ¿Querrá renunciar a la comida
de vez en cuando para ser esa conexión de oración? Jesús lo hizo.
Pedro lo hizo. Muchos otros lo han hecho y lo hacen.

Preste atención a la dirección del Espíritu para ayunar de comida y de entretenimiento de vez en cuando a fin de cenar en cambio
con hacer la voluntad de Dios y ver su obra terminada en la vida
de alguna otra persona.

Cornelio tenía hambre de que Dios tocase a su familia. Estaba orando por su casa; estaba orando por sus hijos. Pero la conexión para los gentiles aún no se había establecido. Jesús vino para
buscar y salvar a las ovejas perdidas de Israel en primer lugar, y
desde Israel, el resto del mundo iba a ser alcanzado.[7] Cornelio no
había tenido una experiencia de salvación de nuevo nacimiento,
pero tenía hambre de Dios, y su hambre conectó con el hambre de
Pedro en el tiempo de Dios.

Cada año cuando empezamos nuestro ayuno de veintiún días en
Free Chapel, oro para que Dios una nuestra hambre física al hambre espiritual de los drogadictos, los alcohólicos, los quebrantados
de corazón, la persona de pocos recursos y también la millonaria
que lo tiene todo excepto a Jesús.

## Amontonar oraciones

Observemos que las oraciones de Cornelio "crepitaron" en el cielo durante un tiempo antes de que se estableciese la conexión. De
hecho, el ángel incluso le dijo que sus oraciones y su generosidad
habían ascendido como un memorial delante de Dios. Hace varios
años, el Espíritu Santo puso en mi corazón orar por mis hijos,
porque Él llevase las conexiones correctas a sus vidas. En aquella época ellos eran muy pequeños, así que era obvio que Él no iba

a hacer que conociesen a sus cónyuges aquel día. Pero yo entendí que estaría "amontonando oraciones" por ellos, oraciones que Él utilizaría para establecer las conexiones correctas en sus vidas cuando crecieran: los amigos correctos, las oportunidades correctas, los cónyuges correctos, etc. Si tiene usted hijos, le aliento a que haga lo que hizo George McCluskey y comience a ayunar y orar para que sus hijos nazcan de nuevo, conozcan a los amigos correctos y se casen con el cónyuge correcto. Amontonar oraciones en el cielo condujo a que cinco generaciones de su familia sirvieran al Señor. ¿Tienes usted seres queridos que no son salvos? ¡Afile su hacha y comience a amontonar oración! Antes de conocer a mi esposa, oré y ayuné para que Dios me guiase al cónyuge correcto. Amontoné oración que estableció una conexión en el cielo antes ni siquiera de poner mis ojos en ella en la tierra. Yo estaba predicando la primera vez que la vi, ¡y fue entonces cuando Dios completó la conexión! ¿Por qué querría conectarse en la Internet antes de conectarse en el cielo? No estoy diciendo que haya necesariamente nada de malo en los servicios de citas, pero los servicios de citas no pueden hacer por usted lo que el Espíritu Santo puede hacer. ¡Ore y ayune! Su Padre celestial sabe lo que usted necesita y puede establecer las conexiones correctas en el momento correcto.

## Conexión con su tarea

Hay otra manera en que el ayuno y la oración establecen una importante conexión de oración en su vida: con la tarea de Dios. Sé esto personalmente porque estaba yo en un ayuno cuando el Señor dejó clara mi tarea, llamándome a predicar. Hasta aquel momento yo estaba pensando seriamente en una carrera en la música. En los casi veinticinco años que han pasado desde entonces, Él ha seguido dándome "alineamiento para tareas" específico durante un ayuno. Muchos desarrollos en mi vida y ministerio desde entonces se han esclarecido a medida que he seguido ayunando y orando, buscando la dirección de Dios. Pedro y Cornelio establecieron una conexión de oración, y ambos descubrieron la tarea de Dios. Pedro iba a romper la división por tanto tiempo entre judíos y gentiles compartiendo lo que Dios le había dado con Cornelio y su familia. Pero no terminó ahí. Llegaba otra conexión que nos daría casi la mitad de los libros del Nuevo Testamento. El ayuno le sitúa en alineamiento para su tarea.

> ¿Tienes usted seres queridos que no son salvos?
> ¡Afile su hacha y comience a amontonar oración!

Un joven llamado Saulo observaba cuando Esteban, un seguidor de Jesús que estaba lleno del Espíritu Santo, era arrastrado desde la sinagoga y brutalmente apedreado hasta morir a las afueras de la ciudad. Como joven hebreo devoto a la Ley, ese incidente impulsó el deseo de Saulo de aplastar la peligrosa "secta" que seguía a Jesús incluso después de su muerte. Hechos 8:3 dice: "Y Saulo asolaba la iglesia, y entrando casa por casa, arrastraba a hombres y a mujeres, y los entregaba en la cárcel". De camino a la ciudad de Damasco con permiso del sumo sacerdote para arrestar a cualquier seguidor que encontrase, el mundo de Saúl fue puesto boca abajo. Él encontró mucho más de lo que había planeado en aquel viaje, ¡cuando se encontró con *el* Sumo Sacerdote! Tal como la historia continúa en Hechos 9, Saulo fue derribado a tierra y rodeado por una brillante luz. Él oyó la voz de un hombre que hablaba. Cuando humildemente preguntó quién le hablaba, oyó: "Yo soy Jesús, a quien tú persigues" (v. 5). En aquel momento Saulo perdió la vista y tuvo que ser guiado por sus hombres el resto del camino hasta Damasco. Allí ayunó por tres días, sin duda orando y meditando en el inequívoco encuentro que había tenido en aquel camino. Pero el Señor no le dejó así; Él tenía una conexión planeada. El ayuno le situó en alineamiento para su tarea.

Al otro lado de la ciudad vivía un hombre llamado Ananías, que tenía hambre de Dios y anhelaba servir. En una visión recibió instrucciones de encontrar a Saulo, a quien ya se le había dicho que Ananías llegaría. A Ananías se le indicó que impusiera las manos sobre los ojos de Saulo para que pudiera volver a recibir la vista. Después de que se estableciese esa conexión, Saulo pasó inmediatamente de perseguir a los cristianos a convertirse en uno de ellos, y predicaba la verdad de la Palabra de Dios a los judíos y especialmente a los gentiles. Después de cambiar su nombre al de Pablo, pasó de estar lleno de celo religioso a estar lleno de pasión por Jesús. Él escribió a sus hermanos hebreos en Roma: "Hermanos, ciertamente el anhelo de mi corazón, y mi oración a Dios por Israel, es para salvación. Porque yo les doy testimonio de que tienen celo de Dios, pero no conforme a ciencia. Porque ignorando la justicia de Dios, y procurando establecer la suya propia, no se han sujetado a la justicia de Dios; porque el fin de la ley es Cristo, para justicia a todo aquel que cree" (Romanos 10:1-4).

¿Podría haber otros "Pablo" por ahí tan solo a la espera de que se establezca la conexión de Dios? ¿Podría ser usted uno de quienes Dios usará para que caigan las escamas de sus ojos? Cuando usted ayuna y ora, conecta con la tarea de Dios para su vida, esas "buenas obras" que mencioné anteriormente que Dios ha preparado para que caminemos en ellas.[8] Cuando usted no ayuna y ora, no conecta con la tarea de Dios. Me encanta el hecho de que obtengamos nuestra tarea de parte de Dios cuando salimos de la rutina y le buscamos a Él en oración y ayuno. Podemos conectar para que Dios pueda dirigir nuestra vida. Ya es hora de dejar de preocuparnos por todo y orar. Cuando usted ora, su oración se convierte en el "enchufe" que se conecta a los recursos de Dios.

## Conectar con su comunidad

Otra cosa que me encanta de estas dos historias es que ni los hombres de Cornelio, ni Ananías, tuvieron que viajar lejos. Cornelio estaba en Cesarea, a escasas 30 millas (50 km) de Jope, donde estaba Pedro. Ananías vivía en Damasco, ¡así que técnicamente Dios le llevó a Pablo! Siempre me sorprende cuando oigo a alguien decir que duda en orar por la tarea de Dios porque no quiere ser enviado a un país lejano… como si Dios no tuviera manera de solucionar eso. ¡Pero la mayor parte del tiempo hay alguien justamente en su propio barrio y Dios quiere usarle a usted para tocarle! Puede que haya alguien muy cerca que ha estado clamando y diciendo: "Dios, si eres real… si estás ahí…". Sus oraciones pueden haber estado crepitando en el cielo durante semanas y meses, esperando a que uno de los hijos de Dios tenga suficiente hambre para establecer la conexión. Puede que la persona esté tocando fondo debido a un desagradable divorcio; puede que esté tan destruida por la vida que tenga pensamientos de suicidio, tan solo anhelando que alguien lleve luz a su oscuridad. A esas personas no les importa la religión y la iglesia, pues precisamente eso les ha alejado. ¿Puede usted saltarse una comida o dos, buscando a Dios por causa de ellos en su comunidad para que reciban el Pan de vida? Cuando usted ayuna, Dios le situará para que esté en el lugar correcto, en el momento correcto, para la bendición correcta. Yo he visto a personas verdaderamente dotadas batallar porque estaban en el lugar equivocado, y he visto a personas menos dotadas prosperar porque se encontraban en el lugar correcto. ¡La situación importa!

Quizá esa conexión de oración esté esperando justamente dentro de su propio hogar. ¿Hay un espíritu de división erosionando el fundamento de su matrimonio y de su familia? Necesita usted ayunar y orar, derribando fortalezas y amontonando oración para que Dios lleve unidad a su hogar. Dios puede hacer que la conexión funcione incluso en su propia familia.

## La persistencia rompe la resistencia

Una de las cosas que el enemigo más aborrece del ayuno es la persistencia. Por eso me encantan los ayunos prolongados, como nuestro ayuno anual de veintiún días. Cuando usted pasa los primeros días de sus mentiras que le dicen que no podrá lograrlo, se fortalece y la resistencia se debilita. Cuando Jesús terminó su ayuno de cuarenta días, la Biblia dice que el diablo se alejó de Él. A medida que usted persiste, enseguida habrá pasado una semana, después dos semanas, entonces estará en la recta final y nada podrá retenerle.

Yo creo que así es como se produjeron algunos de los milagros de los que leemos en la Palabra de Dios: mediante la persistencia. Piense en la historia de la mujer que tenía flujo de sangre durante años, en el capítulo 8 de Lucas. Los médicos no podían hacer nada para ayudarle. Era considerada "impura" por la gente de su época, y básicamente ignorada a menos que se acercase a una multitud, quienes entonces se apartarían de ella por temor a ser contaminados. Pero ella oyó de Jesús. Aunque fuera marginada, incluso si tenía que arrastrarse, no le negarían la oportunidad de tocar al menos el borde de su manto. ¿Quién lo sabría? Y quizá, tan solo quizá, su sanidad se produciría. Así que ella siguió adelante, persistió, se abrió paso entre la multitud que rodeaba a Jesús aquel día, y con brazo tembloroso estiró sus sucios dedos para tocar el borde de su manto. Enseguida se apartó, sin duda abrumada por la calidez del amor de Dios que comenzó a fluir por todo su cuerpo y sanar lo que estaba mal. Ella sintió el poder del Señor debido a su persistencia, ¡y Él la sintió a ella! Él sintió que había salido poder de Él, y dejó todo lo que estaba haciendo para descubrir quién había sido. Lucas escribió: "Entonces, cuando la mujer vio que no había quedado oculta, vino temblando, y postrándose a sus pies, le declaró delante de todo el pueblo por qué causa le había tocado, y cómo al instante había sido sanada" (v. 47).

Cuando usted está orando y ayunando, su persistencia rompe la resistencia. Le lleva a un lugar en el que puede sentir a Dios moverse poderosamente en su vida, pero también hace que Él sienta su necesidad, al igual que sintió a la mujer que necesitaba sanidad tocarle en medio de aquella gran multitud.[9] El ayuno no solo le sitúa para sentir a Dios, sino que también le sitúa para que Él oiga también el clamor de su corazón. Cualquiera que sea la fuerza que haya estado resistiendo lo que Dios tenía para su vida, su persistencia romperá la resistencia.

### ¡Comience a amontonar!

Independientemente de si usted entregó su vida a Jesús hace ochenta años o si acaba de ser salvo hace ocho minutos, ¡no es demasiado tarde para comenzar a amontonar oraciones en el cielo! Jesús enseñó una parábola sobre un dueño de un viñedo que necesitaba ayuda con la cosecha. Contrató a algunos hombres a primera hora de la mañana y les prometió un denario por una jornada de trabajo. Regresó varias veces durante el día y contrató a más hombres. Al final del día encontró a algunos hombres que habían estado allí todo el día porque nadie les había contratado; él les envió a su campo, donde solamente trabajaron aproximadamente una hora antes de que terminase la jornada. Él decidió ser generoso, así que pagó a los últimos hombres contratados un denario, al igual que a los primeros que contrató y que habían trabajado todo el día. Si su familia está destrozada, ¡le aseguro que no es demasiado tarde para que usted ayune y ore para pedir a Dios que intervenga! Es momento de ser persistente y derribar la resistencia.

Si usted es nacido de nuevo, ¿se ha preguntado alguna vez quién amontonó oraciones por su salvación? Apuesto a que alguien lo hizo. Quizá fuese su tatarabuela; podría haber sido una tía soltera que no tuvo hijos propios, así que amontonó oraciones por los hijos de su hermano y su hermana. Quizá fuese un joven con un llamado de Dios en su vida, que ayunaba y oraba por quienes en su escuela no conocían a Jesús. He oído de jóvenes aquí en Free Chapel que hacen eso. Se unen al ayuno anual, y amontonan oraciones por otros. Usted sabrá quién fue cuando llegue al cielo. Por ahora, permita que Dios le use para establecer la conexión por otros. Permita que su hambre sea avivada para conectar con el hambre de ellos. Ayune, ore, clame a Dios, y haga que el nombre o la situación de otra persona suban a Él como un memorial.

## Capítulo 7

# No se puede hacer la voluntad de Dios con celo humano

He oído a personas decir que no pueden permitirse ayunar. Ahora bien, si hay una legítima razón médica tras esa afirmación, entonces absolutamente bajo ninguna circunstancia debería usted intentar ayunar. Pero conozco a algunos que realmente habrían sido multados con miles de dólares si ayunasen. Free Chapel es el hogar de una amplia variedad de personas de diferentes trasfondos y profesiones. Un año, cuando se acercaba nuestro ayuno anual, se acercaron a mí algunos de los jugadores de fútbol del Atlanta Falcon que son parte de nuestra congregación en Free Chapel. Querían decirme que se comprometían a ayunar y buscar a Dios durante siete días. Necesita usted entender que ellos son hombres muy, muy corpulentos que realmente serían penalizados si perdiesen peso, independientemente de la razón que hubiera tras esa pérdida. Escoger ayunar presentaba un grave dilema para ellos, pero estaban decididos. Pensaron juntos y se les ocurrió una solución para ser parte de ese poderoso ayuno espiritual a la vez que mantenían su peso. Consideraron el costo y cuánto esfuerzo necesitarían, y siguieron adelante. ¡Aquello realmente tocó mi corazón! Habría sido muy fácil para ellos sencillamente decir que sus responsabilidades de trabajo evitaban que pudieran ayunar. Son jugadores de la Liga de Fútbol Profesional, y su peso y condición física son parte del precio. Pero al igual que Daniel y sus hombres estaban *más sanos* después de haber ayunado de los manjares de la mesa del rey, así les sucedió a esos muchachos. Esos jóvenes físicamente potentes se sometieron a Dios y descubrieron un modo de hacer que funcionase porque deseaban más de Él.

### ¿Quién tiene el control?

Es muy fácil encontrar razones para no ayunar, especialmente cuando se trata de trabajo, deportes, nuestro entretenimiento tan venerado y, en último lugar pero no menos importante, la comodidad. El ayuno rompe la rutina, y eso es *in*cómodo. Pero como aquella vieja película de John Wayne, se necesitan "verdaderas agallas" para someterse a Dios mediante el ayuno y la oración y alejarse de las cosas de este mundo. Echemos un vistazo más de cerca a lo que Santiago dijo sobre "humillarnos":

> Cualquiera, pues, que quiera ser amigo del mundo, se constituye enemigo de Dios. ¿O pensáis que la Escritura dice en vano: El Espíritu que él ha hecho morar en nosotros nos anhela celosamente?
>
> Pero él da mayor gracia. Por esto dice: Dios resiste a los soberbios, y da gracia a los humildes. Someteos, pues, a Dios; resistid al diablo, y huirá de vosotros. Acercaos a Dios, y él se acercará a vosotros. Pecadores, limpiad las manos; y vosotros los de doble ánimo, purificad vuestros corazones. Afligíos, y lamentad, y llorad. Vuestra risa se convierta en lloro, y vuestro gozo en tristeza. Humillaos delante del Señor, y él os exaltará.
>
> —Santiago 4:4-10

¡Eso suena muy parecido a una invitación a ayunar! Santiago deja bastante claro que podemos someternos a Dios o someternos al mundo. De igual modo, o resistimos al diablo o resistimos a Dios. Si no nos estamos acercando a Dios, estamos alejándonos de Él. El ayuno es una decisión de romper el encanto del mundo y sus trampas a medida que ponemos bajo sumisión nuestra carne.

Cuando usted se aleja de las cosas del mundo y se somete a Dios, Él le dará la gracia para permanecer fuerte y resistir las tentaciones del enemigo. Especialmente en un ayuno prolongado, descubrirá que el tiempo empleado en ayuno, oración y meditación de la Palabra de Dios limpia y purifica su corazón y enfoca sus pensamientos en cosas superiores en lugar de las cosas de este mundo.

¿Recuerda los días de Noé?[1] En aquella generación corrupta, solamente él halló favor a los ojos de Dios. Trabajaba en el arca que Dios le dijo que construyese mientras todos los demás se reían, bebían, comían, se casaban, y estaban pasando un tiempo alegre mientras se burlaban del hombre de Dios. Si es necesario un diluvio para captar su atención, ¡es demasiado tarde! Dios nos llama a tener una mente seria, a estar centrados en los propósitos de Él y a confiar en su gracia. El ayuno no es un período feliz. El ayuno es un período en el que usted acepta el vacío; se vuelve cada vez más sensible al Espíritu de Dios, con frecuencia hasta el punto en el que el llanto es la única expresión de lo que está sucediendo dentro de su corazón.

> Cuando usted se aleja de las cosas del mundo y se somete a Dios, Él le dará la gracia para permanecer fuerte y resistir las tentaciones del enemigo.

Se necesita trabajo para poner su carne bajo sumisión. Pablo explicó que la carne hace guerra contra el Espíritu, y el Espíritu hace guerra contra la carne.[2] Por tanto, tiene que preguntarse: ¿A cuál de ellos está usted capacitando? ¿A cuál le está dando acceso para que controle su vida?

Yo paso por todo tipo de extremos durante un ayuno prolongado. Una cosa que observo es los cambios de humor. En un momento estoy anhelante y confiado con respecto al ayuno, y tan solo unas horas después, comienzan a llenar mi mente pensamientos como: "¿De qué sirve? ¡Esto es una locura!". Después de unos días más paso al modo "molido". El ayuno *muele* su carne. Hablaré más sobre esto más adelante en el capítulo. Pero todas las veces en que he ayunado, siempre pasa que en algún punto de cada ayuno me siento abrumado por el sentimiento de inutilidad. De hecho, el enemigo eleva su fea cabeza para que entienda el punto cuando susurra: "¿Qué bien está haciendo realmente? Tira la toalla". Es entonces cuando me recuerdo a mí mismo que estoy afilando mi hacha, estoy recuperando mi vanguardia, ¡y voy a expulsarle a él! Pienso en cómo Satanás llegó y se sentó con Jesús durante su ayuno de cuarenta días en el desierto. Probablemente se sentara delante de Jesús y se comiera un pastel de chocolate, seguido por un filete grande y jugoso a la parrilla, y una humeante patata asada, ¡mientras tentaba al Señor a que dejase de ayunar!

Entienda que a veces durante un ayuno no puede usted oír a Dios hablar por encima del ruido de su estómago. No puede enfocarse en el devocional matutino por estar pensando en un desayuno. (Es increíble cómo, durante un ayuno prolongado, incluso los alimentos más insulsos suenan maravillosos. Comidas que usted normalmente no tomaría en un bufet de desayunos de repente suenan a manjares). Usted quiere leer la Palabra, pero tiene dolor de cabeza; siente frío y probablemente esté cansado debido a que las toxinas están siendo filtradas y expulsadas de su cuerpo. Podría sentir como si se estuviera desplomando físicamente, ¡pero siga en la pista de carreras y no permita que su carne o el diablo le priven de su recompensa! Si hay algo que el diablo no puede soportar, es esperar.

## Mientras espera

Esencialmente, ayunar es esperar en Dios. Uno de los versículos más citados del libro de Isaías se encuentra en el capítulo 40: "pero los que esperan a Jehová tendrán nuevas fuerzas; levantarán alas como las águilas; correrán, y no se cansarán; caminarán, y no se fatigarán" (v. 31). Usted renovará sus fuerzas mientras espera en

Él. ¿Ve qué otra cosa sucede? Levantará alas como las águilas, que es una de las aves más fuertes que Dios creó. No alas como los gorriones o las mariposas, sino alas como las águilas; ¡esa es una afirmación mucho más confiable que la que ninguna bebida energética puede hacer!

Hay dos tipos de personas en este mundo que necesitan "alas". Están quienes han sido devastados por acontecimientos horribles que les han dejado sintiendo como si su vida hubiese terminado y su esperanza está aplastada. Están atrapados en los escombros de pedazos rotos, sintiendo que nunca podrán recuperarse, y ya no pueden elevarse por encima de las circunstancias. Pero Dios promete que Él dará a aquellos que esperan en Él nuevas alas para elevarse. ¡Él le dará fuerzas para correr su carrera con aguante!

El otro tipo de persona que necesita alas es la que está luchando por sus sueños. ¿Está usted apoyándose en su propio celo para hacer que se produzca? El problema con eso es que usted puede llegar solamente hasta cierto punto. En última instancia, usted no puede hacer que despegue el sueño. Usted habrá dado algunos saltos, pero aún no se ha remontado. Puede que sea su ministerio, su llamado, su negocio o su matrimonio. Lo está usted intentando; está luchando por ello, pero de algún modo necesita más. Es parecido a cuando Nehemías reconstruyó los muros de Jerusalén. No hay modo en que él pudiera haber logrado esa tarea en cincuenta y dos días sin primero esperar en el Señor y humillarse con ayuno y oración. Debe usted retroceder y afilar su hacha. Tiene que caminar antes de poder correr... pero tiene que *esperar* antes de poder remontar el vuelo. Cuando espera en el Señor, Él le dará alas fuertes para remontarse por encima de sus limitaciones.

Por tanto, ¿qué hace usted mientras espera en el Señor? Está quieto. No me estoy inventando eso; Dios mismo lo dijo:

Estad quietos, y conoced que yo soy Dios;
Seré exaltado entre las naciones; enaltecido seré en la
tierra.

—Salmo 46:10

Cuando ayune, esté quieto. Esté tranquilo dejando a un lado las locas distracciones de esta vida y prosiga a la presencia de Dios. Abra la Palabra de Dios y devórela. Dios le hablará mediante su Palabra. La Biblia contiene la respuesta a cada dilema que usted afronte, y si la lee mientras ayuna, Dios le hablará. El Señor le dijo a Josué que mantuviese delante de él su Palabra y meditase en ella día y noche. La Palabra de Dios debería convertirse en parte de su ser, cambiando su hombre interior para que esté alineado con la voluntad de Dios.

El capítulo 10 de Daniel describe un increíble vistazo de lo que sucede en los lugares celestiales a veces mientras esperamos. Daniel había estado ayunando y orando por tres semanas, pero la respuesta que esperaba se había retrasado. El ángel Gabriel tenía un mensaje para Daniel, pero fue detenido batallando contra el príncipe (principado demoniaco) de Persia. Mientras Daniel persistía en ayuno y oración, Dios envió al ángel Miguel como refuerzo para Gabriel, de modo que pudiera ser libre y llevar el mensaje a Daniel. Piense en eso siempre que el enemigo le tiente a tirar la toalla durante un ayuno. ¡Ese es el momento de presionar como nunca antes! Puede que haya situaciones en su vida, en su familia, en su trabajo o en su ministerio en las que parezca que Satanás está tan profundamente atrincherado que nunca será expulsado. No crea esa mentira. ¡Ayune, ore y espere en el Señor! Mientras espera, fortalecerá su hombre interior, siendo cada vez más consciente de su autoridad en Cristo Jesús sobre el diablo.

Su espíritu quiere adoración, pero la carne quiere satisfacción temporal. Su espíritu quiere alabar y honrar a Dios, pero la carne quiere ir de fiesta y vivir para el yo. Ahora puede ver por qué Pablo nos advierte con tanta urgencia: "Andad en el Espíritu, y no satisfagáis los deseos de la carne" (Gálatas 5:16). Usted puede ser victorioso en la batalla entre su carne y su espíritu, y el ayuno, la oración y alimentar su espíritu de la Palabra de Dios aceleran el proceso.

## Celo a cero

Recuerde: Pablo es el mismo que tenía tanto celo que encarcelaba a cristianos e incluso participó en la muerte de cristianos hasta que tuvo un encuentro con Jesús. Entonces él sometió todos esos caminos de la carne al Espíritu. ¿Puede Dios usar su celo? Claro que puede, si está bajo sumisión. ¿Recuerda lo que hizo Pedro en el huerto de Getsemaní cuando llegaron las tropas para arrestar a Jesús? ¡Sacó su espada y cortó la oreja al sirviente del sumo sacerdote! Eso era celo, pero no era la voluntad de Dios. Jesús tuvo que reprender a Pedro una vez más, diciendo: "Mete tu espada en la vaina; la copa que el Padre me ha dado, ¿no la he de beber?" (Juan 18:11). Jesús podía haber tenido doce legiones de ángeles enviados en su ayuda en un instante. Pero esa no era la voluntad de Dios. Así no era como sería cumplida la Escritura.[3] Jesús ya había sometido su carne a la voluntad del Padre cuando oró anteriormente: "Padre, si quieres, pasa de mí esta copa; pero no se haga mi voluntad, sino la tuya" (Lucas 22:42).

El Espíritu Santo me ha dejado muy claro en más de una ocasión que yo no puedo hacer la voluntad de Dios en mi propio celo. Nuestro celo puede convertirse en una piedra de tropiezo basado en nuestro propio orgullo. Dios necesita vasos vacíos, no vasos tan llenos de sí mismos que Él no pueda derramarse a través de ellos. En el capítulo anterior hablé sobre las conexiones de oración y cómo orar es "enchufarse" a la tarea de Dios y a sus recursos. Recuerdo leer una cita de Leonard Ravenhill hace varios años, hablando sobre cómo las personas que no estaban logrando mucho para Dios querían preguntar: "¿Dónde está el Dios de Elías?". Él escribió:

A la pregunta: "¿Dónde está el Dios de Elías?", respondemos: "Donde siempre ha estado: ¡en el trono!". ¿Pero dónde están los Elías de Dios? Sabemos que Elías era un hombre con pasiones similares a las nuestras, ¡pero vaya! nosotros no somos hombres de oración como él lo era. ¡Un hombre que ora se presenta como una mayoría con Dios! En la actualidad Dios evita a hombres, no porque sean demasiado ignorantes, sino porque son demasiado autosuficientes. Hermanos, nuestras capacidades son nuestras desventajas, ¡y nuestros talentos nuestras piedras de tropiezo!⁴

> **Dios necesita vasos vacíos, no vasos tan llenos de sí mismos que Él no pueda derramarse a través de ellos.**

No cumpliremos la voluntad de Dios con un celo autosuficiente y arrogante. ¿Recuerda al joven leñador del que hablé anteriormente? ¡Estaba lleno de celo! El problema estaba en que era celo sin conocimiento. Proverbios 19:2 advierte: "El afán sin conocimiento no vale nada; mucho yerra quien mucho corre" (NVI). Si él hubiera sabido tomar tiempo para afilar su hacha y mantener su filo, es más que probable que hubiera batido al leñador más mayor. Pero aquí está el problema otra vez: el hecho de que con demasiada frecuencia queremos confiar en nuestras propias fuerzas, nuestra propia capacidad, nuestro propio celo para hacer algo para Dios.

Cuando lee sobre el profeta Elías, comenzando en 1 Reyes, capítulo 17, le ve siendo humilde y siguiendo de modo coherente la tarea de Dios. Elías le dice a Acab que no habrá lluvia, y Dios le dice a Elías que se oculte al lado del río y allí los cuervos le llevarán alimento de pan y carne (¡eso sí es un ayuno poco corriente!). Entonces el río se secó debido a la sequía que Dios había hecho profetizar a Elías. Yo creo que Elías tuvo que esperar allí en el Señor para recibir su siguiente tarea. De hecho, imagino que a medida que el río era cada vez más estrecho, ¡Elías comenzó a orar cada vez más alto! Dios entonces le envió a la casa de una viuda donde Él proveyó harina y aceite para que ella hiciera pan para Elías, su hijo y ella misma, a fin de poder sobrevivir hasta que la sequía cesara. Algunos de nosotros adictos a los carbohidratos, no tendríamos ningún problema con un ayuno de "solo pan". Pero entonces Dios envió a su fiel profeta a confrontar a Acab, quien le había buscado por todas partes para hacer que le matasen.

Elías desafió a Acab y a los 450 profetas de Jezabel del falso dios Baal en una demostración dramática, y entonces hizo que los matasen a todos. Poco después, él oró para que la lluvia volviese a caer sobre la tierra. ¡Elías estaba logrando grandes cosas para Dios! Entonces Jezabel se enteró de lo que había sucedido y envió palabra a Elías de que ella le mataría en veinticuatro horas. De repente, Elías temió por su vida. La Biblia dice: *"Viendo,* pues, el peligro, se levantó y se fue para salvar su vida, y vino a Beerseba, que está en Judá, y dejó allí a su criado" (1 Reyes 19:3, énfasis añadido). Algo en el demoniaco impulso que había en las palabras de ella le hizo "verlo", o imaginar lo que sucedería. Él desconectó del Espíritu de Dios por un momento y permitió que su mente se pusiera de acuerdo con la amenaza de aquella mujer malvada y la capacitara. Puso sus ojos en su propia carne. Después de haber dejado a su criado a unos cien kilómetros de distancia, fue al desierto y le dijo a Dios: "Me rindo". Hasta ahí. Había tenido suficiente. Quería morir.

Me hace pensar en las palabras de Pablo a los gálatas: "¿Tan necios sois? ¿Habiendo comenzado por el Espíritu, ahora vais a acabar por la carne?" (Gálatas 3:3). Cuando usted deja de orar, comienza a operar en la carne, y es solamente cuestión de tiempo el que el agotamiento y el temor comiencen a apoderarse de su vida. Eso es lo que les sucede a los cristianos carnales y que no oran, que viven en la carne, impulsados por celo religioso en lugar de por el Espíritu de Dios. Pero hoy esperanza. Como Elías, usted puede detenerse y volver a llenarse. ¡Puede afilar su hacha y recuperar su vanguardia! El celo humano presenta un buen espectáculo, pero usted no puede lograr la voluntad de Dios sin la unción del Espíritu. La religión se realiza en la carne. La relación *solamente* se logra en el Espíritu. "Porque todos los que son guiados por el Espíritu de Dios, éstos son hijos de Dios" (Romanos 8:14).

Elías se ocultó bajo un árbol en el desierto y pidió morir. Fue su momento más bajo, poco después de dar uno de los golpes más potentes al enemigo. Cuando Dios le confrontó, él dijo: "He sentido un vivo celo por Jehová Dios de los ejércitos; porque los hijos de Israel han dejado tu pacto, han derribado tus altares, y han matado a espada a tus profetas; y sólo yo he quedado, y me buscan para quitarme la vida" (1 Reyes 19:10). Elías puso sus ojos en sus propias limitaciones y los apartó del propósito y el poder de Dios. ¡Pero Dios ni siquiera había comenzado a usarle aún! Puede que usted necesite ir a sentarse bajo un árbol durante un día o dos. Pero nunca crea la mentira de que Dios ha terminado con usted. El Señor le envió un ángel para alimentarle y fortalecerle. Entonces envió a Elías a un ayuno de cuarenta días por el desierto. Al final de ese ayuno y viaje, Elías regresó en el poder y la unción del Espíritu Santo, y llevó un mensaje nuevo para la vieja Jezabel. Le dio la vuelta al asunto y le ofreció un cuadro verdaderamente gráfico en que pensar cuando él profetizó que los perros la devorarían fuera del palacio.[5]

Ahora bien, aquí tenemos evidencia muy notable con respecto al poder de humillarse mediante la oración y el ayuno. Elías fue enviado a pronunciar juicio sobre Acab y Jezabel por su continuada maldad, su blasfemia, por matar a los profetas de Dios y por su malvado complot para matar a Nabot a fin de quedarse con sus tierras. Elías dejó claro a Acab todos los pecados que había cometido contra el Señor y contra el ungido del Señor, lo severamente que el Señor le había juzgado y condenado, y que él y toda su familia serían destruidos. Y entonces sucedió algo sorprendente:

> Y sucedió que cuando Acab oyó estas palabras, rasgó sus vestidos y puso cilicio sobre su carne, *ayunó*, y durmió en cilicio, y anduvo humillado. Entonces vino palabra de Jehová a Elías tisbita, diciendo: ¿No has visto cómo Acab se ha humillado delante de mí? Pues por cuanto se ha humillado delante de mí, no traeré el mal en sus días; en los días de su hijo traeré el mal sobre su casa.
>
> —1 Reyes 21:27-29, énfasis añadido

Ante los ojos de Dios, ningún rey de Israel había sido nunca tan malvado como Acab. Pero debido a que Acab se humilló en ayuno, Dios lo reconoció. El Señor suavizó ligeramente el veredicto sobre los pecados de Acan, de modo que él no vería el castigo pleno en su propia vida.

¡Me resulta sorprendente lo fiel que es Dios incluso cuando nosotros no lo somos!

Cuando permite que su debilidad le lleve a arrodillarse y humillarse con ayuno y oración, Dios puede volver a llenarle. Elías recibió de nuevo su unción después de ayunar, y volvió a moverse en la autoridad para conquistar al enemigo en lugar de huir de las amenazas del enemigo. Quizá usted haya peleado algunas batallas por tanto tiempo que sencillamente piense que ya no le queda capacidad alguna para pelear. No se rinda. Siga orando; siga adelante. Hay armas mayores en el Espíritu que usted aún no ha comenzado a aprender a utilizar. ¡La oración y el ayuno son como abrir «el arsenal de armas atómicas» del cielo contra el enemigo!

No tiene usted que vivir en debilidad, mimando su carne. Esto es una guerra. Es momento de sacar las armas atómicas y ser serio con Dios. Cuando usted ayune y ore, pida al Espíritu Santo que le llene otra vez de una unción nueva. Cuando se cansa de pelear, es muy fácil tan solo tirar la toalla; pero si ayuna, volverá a llenar su espíritu y su autoridad en Cristo. Ore hasta que sienta esa autoridad. Ore hasta que el Espíritu le toque y le llene otra vez. Ore hasta que sea quebrantado delante de Dios.

## Ayuno con propósito

Cuando usted se acerca a Dios, Él se acerca a usted.[6] Del mismo modo, cuando usted se pone serio con Dios, Él se pone serio con usted. Siempre he admirado la actitud de David cuando llegó al campo de batalla donde sus hermanos y los ejércitos de Israel estaban acobardados de temor por soportar cuarenta días de las amenazas del filisteo Goliat. Este joven, lleno de pasión por Dios, comienza a hablar y pregunta: "¿No es esto mero hablar?" (1 Samuel 17:29). David estaba lleno de pasión por la gloria de

Dios; tenía intimidad con Dios y sabía que el Espíritu del Señor le capacitaba a veces cuando era necesario, como cuando tuvo que proteger el rebaño de su padre de un león, y en otra ocasión de un oso. David, que podía medirse a sí mismo según la medida de Dios en lugar del estándar del hombre, pudo ver que ese enemigo de Dios caería al igual que el león y el oso. Saúl y el ejército de Israel solo podían verse a sí mismos con sus propios ojos, un lugar aterrador cuando se enfrentaban a un amenazador gigante enemigo que llevaba una espada.

Cuando usted escoge ayunar, ayune con un propósito. En lo profundo de su corazón, decida el motivo por el que ayuna, y entonces escriba cuál es su causa. Es importante que mantenga su enfoque. Por eso yo creé el "contrato de ayuno" que utilizamos en Free Chapel, que está disponible en línea. Una de las primeras cosas que hay que rellenar en ese contrato es "Mi motivo para ayunar".

¿Qué hay en su corazón para hacer ese ayuno? ¿Es por su familia? ¿Es su deseo acercarse más a Dios? ¿Es la necesidad de una victoria económica? ¿Es por una sanidad? ¿Está ayunando porque tiene temor y tiene tantos problemas a su alrededor que no sabe qué otra cosa hacer? Defina su motivo, y después escríbalo. No comience un ayuno de manera casual, con una actitud de acertar o no acertar. Esa es una receta segura para el fracaso. Nunca comience un ayuno espiritual de modo casual, porque si lo hace, Dios también será casual al respecto. Planee tener éxito desde el comienzo. Ore y pregunte a Dios lo que Él quiere que usted haga. Decida en oración la longitud y el tipo de ayuno, y después escriba el día en que comenzará y el día en que terminará. Pida la gracia y la misericordia de Él para soportar cuando comience.

Hay dos poderes obrando cuando usted ayuna: la voluntad humana y el poder sobrenatural de Dios. Cuando usted decide ejercitar su voluntad y poner su carne bajo sumisión al Espíritu de Dios, su poder sobrenatural interviene y le ayuda a ayunar según el nivel de compromiso que usted haya establecido. Puede hacer mucho más en la unción de Dios de lo que puede hacer en el celo humano. La unción de Dios no es para las emociones; es para la batalla. Cuando usted va a la batalla, pelea para ganar. La unción que llega mediante el ayuno y la oración le da una nueva fuerza para pelear por su familia, por sus hijos, por su matrimonio, ¡y para ganar! Le da la capacidad de oír el corazón de Dios y orar esas cosas que Él desea liberar en las naciones.

No puede usted hacer la voluntad de Dios con celo humano más de lo que puede talar de modo eficaz un inmenso roble con un hacha desafilada. La mayoría de las veces causará más daño que bien al no esperar en el Señor su camino, su dirección y su unción. Tome tiempo para sentarse y trabajar en esa hacha. Eso es lo que hace el ayuno; le ayuda a recuperar su vanguardia. Compartí anteriormente sobre las primeras etapas de un ayuno prolongado como «moler». Se debe a que es como utilizar un raspador para aplicar presión y rebajar las partes más grandes y desiguales del hacha. Entonces se utiliza una piedra lisa para pulir y afilar el hierro y convertirlo en una hoja afilada. Es un proceso que toma tiempo. Es como la mitad del ayuno: usted no ha terminado. El paso final para recuperar su vanguardia es tomar el aceite y frotarlo desde una parte a la otra de esa hoja afilada para eliminar de ella todos los fragmentos, pedacitos y polvo. Podríamos pensar en esos desechos como: desobediencia, ignorancia (celo sin conocimiento), rebelión y la lengua (palabras de duda e incredulidad).

Después, ¡ya está usted preparado para utilizar esa hacha bajo la unción del Señor!

# Capítulo 8

## Prosperar en tiempos angustiosos

No se necesita mucho tiempo para que alguien pierda su vanguardia si mira el estado de la economía en Estados Unidos y en el mundo en estos tiempos. La mayoría de nosotros los "de más de cuarenta" podemos recordar los tiempos de la presidencia Nixon/Ford/Carter en la década de los setenta. Las decisiones de Nixon dieron comienzo a una dura década, comenzando con un dólar devaluado y menor cotización del oro, seguido por un desempleo y una recesión récord, y terminando con máximos de inflación y enojo en las gasolineras. Recuerdo aquellas filas en las gasolineras. Incluso siendo un niño podía sentir la inseguridad que mi familia sentía con respecto a la economía en aquellos tiempos. Los niños en la actualidad han observado cómo su mamá y su papá han perdido sus empleos, y muchos han perdidos sus casas por ejecuciones hipotecarias, a velocidad récord. Las personas han visto sus ahorros acabarse y sus inversiones desplomarse casi de la noche a la mañana en algunos casos. Mi corazón ha estado cargado al haber sido testigo de cómo la economía en EE. UU. se hunde más profundamente en la crisis. Pero quiero alentarle, ahora más que nunca, a creer a Dios por su provisión. Veo evidencia en toda la Escritura de que los hombres y mujeres de Dios que prosiguieron con ayuno y oración, incluso en tiempos difíciles, prosperaron. Dios provee. Él provee porque es fiel a su Palabra. Él prometió:

El justo florecerá como la palmera;
Crecerá como cedro en el Líbano.
Plantados en la casa de Jehová,
En los atrios de nuestro Dios florecerán.
Aun en la vejez fructificarán;
Estarán vigorosos y verdes,
Para anunciar que Jehová mi fortaleza es recto,
Y que en él no hay injusticia.

—Salmos 92:12-15

No sé de usted, pero yo tengo mucho más consuelo y pongo mucha más fe en las promesas de Dios que en las promesas del gobierno; ¡de cualquier gobierno!

La mayoría de especies de palmeras crecen en climas de desierto. Llegan a estar firmemente arraigadas incluso en arena movediza, por diseño. Toleran elevadas temperaturas, poca lluvia y fuertes vientos. Y realmente me gusta esta parte: las palmeras producen mejor fruto cuando son más viejas. Las palmeras pueden florecer donde otros árboles se secarían y morirían, y Dios promete que el justo, quienes tienen una buena relación con Él, florecerá donde otros morirían. Dios diseñó el sistema de raíces de las palmeras de modo distinto al de la mayoría de otros árboles. En lugar de que las raíces se vayan estrechando y haciéndose más pequeñas cuanto más lejos están del tronco, se quedan aproximadamente del mismo tamaño. Así, esas grandes y anchas raíces se abren camino muy por debajo de las calientes y secas arenas y conectan con el terreno que tiene nutrientes que está mucho más abajo. No solo eso, sino que a diferencia de la mayoría de árboles que tienen una capa exterior de madera muerta, todo el tronco de la palmera está vivo, permitiéndole ser muy flexible, e inclinándose con vientos incluso de fuerza de huracán.[1]

Creo que el ayuno es necesario para ayudarnos a hundir nuestras raíces más profundamente en el sólido cimiento de las promesas de Dios para que podamos soportar las tormentas a medida que lleguen y seguir siendo fructíferos. Como escribió el apóstol Pablo: "Por tanto, de la manera que habéis recibido al Señor Jesucristo, andad en él; arraigados y sobreedificados en él, y confirmados en la fe, así como habéis sido enseñados, abundando en acciones de gracias" (Colosenses 2:6-7). Llegarán tormentas. Algunas tormentas son transicionales por naturaleza. La transición es un período que muy pocos disfrutan debido a las tormentas que desata.

## El cambio puede ser turbulento

La economía cambiante ha provocado ciertamente muchas tormentas destructivas en los últimos años, obligando a familias a pasar de un lugar en el que las cosas eran seguras y agradables a lo desconocido y poco familiar. Los discípulos estaban contentos observando a Jesús sanar a los enfermos y echar fuera a los demonios con una palabra en la costa del mar de Galilea, pero más adelante aquella noche, Él les dijo que entrasen en la barca y se dirigieran a la otra orilla. Fue entonces cuando las cosas se pusieron un poco inciertas cuando una importante tormenta levantó altas olas y vientos, llevando de un lado a otro su barca, anteriormente cómoda, y llenándola de agua hasta que casi se hundía. Pero cuando miraron a su alrededor durante la peor parte de esa tormenta, no vieron a Jesús con un cubo sacando agua de la barca. No le vieron poniéndose un chaleco salvavidas. ¡Jesús estaba en la parte trasera de la barca profundamente dormido! Cuando le despertaron para que les salvase, Él señaló su falta de fe y habló al viento y a las olas, calmando la tormenta.[2]

A veces parece que la vida no es otra cosa sino una gran transición. Precisamente cuando llegas a ser bueno en algo que has estado haciendo por un tiempo, tiene lugar un cambio, y de repente te enfrentas a territorio totalmente nuevo y a aguas no transitadas. La vida le lanza situaciones que usted nunca podría haber planeado o soñado. El cambio es un proceso difícil, pero cuando llegan tormentas transicionales, prueban y fortalecen su sistema de raíces. Sin pasar tiempo esperando en Dios cuando los cielos están despejados, muchos están totalmente desprevenidos para manejar las tormentas de la vida. Pablo dijo que él había aprendido a contentarse cualesquiera que fuesen las circunstancias.[3] ¡Esa es una meta que todos deberíamos proponernos en nuestro corazón alcanzar! Él sabía cómo tocar fondo y estar contento, y cómo volar en las alturas y seguir estando contento. Seamos sinceros: a veces es usted el "perro grande", y otras veces se siente más como la boca de incendios. Hay veces en que puedo mirar atrás a mi vida cuando parecía que todo iba perfectamente y sobrepasaba todas mis expectativas. Hay otras veces en que nada iba bien, y tuve que estirarme y tocar lo más bajo. La clave es aprender a adorar, a humillarse con ayuno y oración, y buscar el rostro de Dios independientemente de cuál sea la transición.

Por eso algunos encallan y hacen volcar su fe. Mientras están en abundancia, acuden a la iglesia con sus manos levantadas, listos para saltar, gritar y alabar. Están en la cima del mundo... hasta que llegan al fondo del valle. Entonces en raras ocasiones se les ve, y si aparecen, tienen cara de limón, resecos y sin ningún gozo, sintiendo como si Dios les hubiera abandonado. Por otro lado, he visto a personas servir a Dios con fidelidad cuando están en lo más bajo, pero cuando la transición produce bendiciones, ascensos y aumento en su vida, se olvidan por completo del Señor.

¡Así no es como se maneja la transición! Pasar tiempo en ayuno y oración, a pesar de cuáles sean sus circunstancias, es lo que le ayudará a estar arraigado y cimentado en su fe, listo para capear cualquier tormenta de la economía, su salud, su familia o su trabajo. Dios puede hacer que usted prospere incluso durante la transición, y las personas que prosperan en tiempos agitados han sido usadas para cambiar destinos.

Daniel había estado ayunando y arrepintiéndose de nuevo de los pecados de Israel, los pecados que produjeron su exilio a otras naciones y la casi destrucción de Jerusalén en primer lugar. Cuando el ángel Gabriel se presentó a Daniel una segunda vez, habló con él, alentando a Daniel acerca de acontecimientos futuros. Una parte de la visión que Gabriel le dio a Daniel fue que Jerusalén sería restaurada de nuevo, y la edificación continuaría allí "en tiempos angustiosos" (Daniel 9:25). Yo nunca he afirmado ser un erudito de la Biblia, y como la mayoría de personas, aún tengo que descubrir las profundidades de algunos de los misterios del libro de Daniel. Pero ese versículo siempre me alienta cuando pienso en las promesas de Dios. Él hará que los justos prosperen, edifiquen, ¡extiendan su territorio incluso en tiempos angustiosos! Incluso cuando la economía se derrumba, cuando ayunamos, oramos y buscamos el rostro de Dios, podemos recibir sabiduría, planes y recursos para soportar y vencer.

> Pasar tiempo en ayuno y oración, a pesar de cuáles sean sus circunstancias, es lo que le ayudará a estar arraigado y cimentado en su fe, listo para capear cualquier tormenta de la economía, su salud, su familia o su trabajo.

## El ayuno que cambió destinos

Hasta que dejemos este mundo y pasemos a la presencia de Dios, no conoceremos todo el impacto que santos desconocidos, humildes y orantes han tenido en el destino de ciudades, naciones y culturas. Necesitamos meditar en los ejemplos que sí tenemos, porque son para inspirarnos y alentarnos a salir de nuestra propia rutina y buscar a Dios de manera similar. Mire lo que sucedió en Nínive. Dios escogió a un hombre llamado Jonás para ir y predicar arrepentimiento al pueblo de la vasta ciudad que era la capital del imperio asirio. La maldad de la ciudad había subido delante del Señor, y Él envió a un profeta renuente a ir y pronunciar juicio. ¿No está contento de que sirvamos a un Dios misericordioso? Jonás finalmente dejó de posponer las cosas, entró en la ciudad y comenzó a proclamar: "De aquí a cuarenta días Nínive será destruida" (Jonás 3:4). No es necesario decir que sus palabras crearon bastante conmoción. Aunque aquella ciudad era tan grande que eran necesarios tres días para cruzarla, sus palabras se difundieron con mucha rapidez.

Y los hombres de Nínive creyeron a Dios, y proclamaron ayuno, y se vistieron de cilicio desde el mayor hasta el menor de ellos. Y llegó la noticia hasta el rey de Nínive, y se levantó de su silla, se despojó de su vestido, y se cubrió de cilicio y se sentó sobre ceniza. E hizo proclamar y anunciar en Nínive, por mandato del rey y de sus grandes, diciendo: Hombres y animales, bueyes y ovejas, no gusten cosa alguna; no se les dé alimento, ni beban agua; sino cúbranse de cilicio hombres y animales, y clamen a Dios fuertemente; y conviértase cada uno de su mal camino, de la rapiña que hay en sus manos. ¿Quién sabe si se volverá y se arrepentirá Dios, y se apartará del ardor de su ira, y no pereceremos?

—Jonás 3:5-9

Nínive era una ciudad gentil y las personas allí no eran conocidas por ser temerosas de Dios. Pero el rey se tomó la advertencia del profeta tan seriamente, ¡que hasta ordenó que los animales ayunasen! Ellos habían visto el juicio de Dios en otras tierras lo suficiente como para saber que Él no bromeaba. Llegó una gran convicción, y el pueblo se arrepintió, *humillándose* con oración y ayuno. Como resultado, Dios cedió. Toda la ciudad fue salvada, al menos en aquella generación, porque ayunaron y clamaron a Dios con corazones arrepentidos. Su juicio y destrucción final no llegaron hasta aproximadamente doscientos años más adelante, después de que Dios una vez más viera su maldad y enviara profeta tras profeta para advertirles. Pero esa vez el pueblo se negó a apartarse de su maldad y fueron destruidos.

Ya hemos visto que un ayuno de tres días salvó al pueblo judío de la aniquilación total en tiempos de Ester. Cuando se humillaron delante del Señor, en lugar de derrota y vergüenza hubo honra y ascenso.

Josafat levantó la vista un día para encontrarse rodeado de feroces enemigos. Pero en 2 Crónicas 20, declaró un ayuno, y el Señor oyó el clamor del pueblo y luchó *por* ellos, derrotando al enemigo.

En 1620, cristianos que huían de la opresión religiosa de Inglaterra arribaron a las costas de lo que actualmente es Plymouth, Massachusetts. La Historia registra que fue muy difícil aquel primer año para los peregrinos que formaron la colonia de Plymouth. Aproximadamente la mitad de ellos murieron de hambre durante el invierno. Tenían una grave desventaja, porque la mayoría de ellos no sabían nada sobre cómo cosechar, cazar o pescar en aquel nuevo territorio salvaje.

Un americano nativo que llegó a ser conocido por los peregrinos simplemente como Squanto, les ayudó a plantar cosechas. Les enseñó a fertilizar las cosechas con peces que habían pescado, y también intentó ayudar a enmendar las muy malas relaciones que había entre los colonos y otras tribus nativas. Las cosas se veían más prometedoras hasta la primavera de 1623, cuando una grave sequía amenazaba todas las cosechas que les sostendrían durante el invierno. Sus vidas pendían en la balanza sin lluvia. Ellos oraron y se alentaron unos a otros con versículos concretos de la Escritura, como:

No temas, porque yo estoy contigo; no desmayes, porque yo soy tu Dios que te esfuerzo; siempre te ayudaré, siempre te sustentaré con la diestra de mi justicia.
—Isaías 41:10

Ellos se aferraron a tales promesas con fe en que Dios oiría su clamor y les ayudaría. William Bradford, el gobernador de la colonia Plymouth, anotó esta parte de la Escritura en su diario, reflexionando en los acontecimientos de aquella época. No había llovido casi durante tres meses, así que Bradford convocó un ayuno. Los peregrinos estuvieron de acuerdo y ayunaron desde el amanecer. El cielo seguía claro, sin promesas de lluvia, pero a la caída de la noche, nubes como nadie había visto en meses comenzaron a formarse. Poco después, una suave lluvia comenzó a caer para recuperar plenamente la tierra y sus cosechas. Los indios vecinos, afligidos por la misma sequía, quedaron sorprendidos al ver cómo

el Dios de los peregrinos respondió la aguda necesidad de los peregrinos cuando ellos se humillaron y oraron. El milagro causó una
impresión duradera en los indios vecinos. Los peregrinos fueron
salvados debido a un ayuno.

La oración y el ayuno han dado nacimiento a muchos aviva-
mientos que produjeron un importante cambio. El avivamiento que
barrió las islas Hébridas en Escocia se acredita con frecuencia a la
predicación de Duncan Campbell; pero él fue rápido en dar el crédi-
to a dos ancianas que oraban y que tenían una carga por las personas de su ciudad, especialmente los jóvenes que ignoraban cualquier
cosa que tuviera que ver con Dios. Las dos mujeres recibieron una
visión de Dios y la compartieron con algunos de los ministros jóvenes allí, alentándolos a unirse en oración al menos dos noches por
semana. Después de tres semanas, uno de aquellos hombres recibió
convicción en su propio corazón de que Dios no usaría a hombres
que no fuesen "limpios de manos y puros de corazón" (Salmos 24:4)
para alcanzar a otros. Cuando los hombres en esa reunión de oración se arrepintieron y clamaron a Dios, su Espíritu barrió la ciudad
entera con potente convicción. Un avivamiento nacido del Espíritu
conmovió aquella zona durante los tres años siguientes, y casi todos
en la isla nacieron de nuevo, jóvenes y viejos, la mayoría antes incluso de haber llegado al edificio de la iglesia.[4]

Bill Bright, el fundador de Cruzada Estudiantil para Cristo, era
un hombre que entendía el poder del ayuno y la oración. Él escribió sobre una convicción personal de ayunar que sintió a princi-
pios de los años noventa:

> En la primavera y el verano de 1994 tuve una crecien-
> te convicción de que Dios quería que ayunase y orase
> durante cuarenta días por el avivamiento en América y
> por el cumplimiento de la Gran Comisión en obedien-
> cia al mandato de nuestro Señor... Cuando comencé
> mi ayuno, no estaba seguro de poder continuar cuaren-
> ta días, pero mi confianza estaba en que el Señor me
> ayudase. Cada día, su presencia me alentaba a seguir.

Cuanto más ayunaba, más sentía la presencia del Señor. El Espíritu Santo renovó mi alma y mi espíritu, y experimenté el gozo del Señor como pocas veces antes. Verdades de la Biblia saltaban hasta mí desde las páginas de la Palabra de Dios. Mi fe aumentó a medida que me humillaba, clamaba a Dios y me regocijaba en su presencia. Aquellos demostraron ser los cuarenta días más importantes de mi vida. Mientras esperaba en el Señor, el Espíritu Santo me dio la seguridad de que América y gran parte del mundo experimentarían, antes del final del año 2000, un gran avivamiento espiritual.[5]

América experimentó de hecho una gran ola de avivamiento y evangelismo durante los años noventa; y estoy convencido de que hay más, mucho más, que Dios tiene preparado a medida que aceptemos el llamado a ayunar y orar por esta nación. Cuando el pueblo de Dios verdaderamente se aferre al ayuno y la intercesión, veremos cosas comenzar a cambiar. Aunque la economía parezca una turbulenta tormenta, Dios prometió que los justos prosperarán. Somos embajadores de Cristo equipados y llamados a impactar este mundo con los propósitos del cielo. Cuando usted ayune y ore, verá sus propias circunstancias sostenerse incluso en tiempos agitados. Entonces puede impactar su comunidad, su pueblo, su ciudad, su estado... y finalmente la nación.

### Ponerse en la brecha

Nos referimos al "ayuno de Daniel" con bastante frecuencia por lo que él comió y no comió en aquellos ayunos de veintiún días. Pero también necesitamos ver cómo oró durante aquellos períodos. Dios había entregado a su pueblo a sus enemigos debido a sus corazones no arrepentidos y su continuo adulterio contra Él con otros dioses. La vida de Daniel dio un giro cuando fue llevado cautivo a Babilonia debido a los pecados de Israel. Sin embargo, cuando Daniel oraba estaba confesando al Señor los pecados de toda la nación como si fueran sus propios pecados personales. Él oró: "Y volví mi rostro a Dios el Señor, buscándole en oración y ruego, en ayuno, cilicio y ceniza... todo este mal vino sobre nosotros; y no hemos implorado el favor de Jehová nuestro Dios, para convertirnos de nuestras maldades y entender tu verdad" (Daniel 9:3, 13). Daniel ayunó y se puso en la brecha no solo por sus propias necesidades sino también por toda la nación. Eso es verdadera intercesión. Él entendió lo que Dios requería y estuvo dispuesto a humillarse y buscar al Señor. Durante aquel período fue cuando oyó de Gabriel sobre la reconstrucción de Jerusalén en tiempos angustiosos.

## Asamblea solemne

La reconstrucción de Jerusalén comenzó años después cuando Nehemías comenzó a ayunar y orar para que Dios le abriese camino para ir y reparar los muros y las puertas de la ciudad. No estaban meramente derribados; había montones de escombros quemados que no habían sido tocados durante décadas. Cuando su trabajo comenzó, el enemigo llegó enseguida. ¿Ha notado alguna vez eso? Parece que cada vez que usted obtiene dirección del Señor para un trabajo en particular que Él quiere que se logre, el enemigo provoca "tiempos angustiosos".

Recuerde: ¡El enfoque del enemigo es *siempre* causar que la obra de Dios cese!

En el caso de Nehemías, los ataques comenzaron con enojado ridículo para hacer que el pueblo de Jerusalén dudase de sus débiles capacidades. ¿Le resulta familiar? ¿Se ha propuesto hacer algo para el Señor, y las circunstancias o la crítica le hicieron dudar de usted mismo antes ni siquiera de poder comenzar? Ayune, ore y prosiga con el trabajo que Dios le ha llamado a hacer.

> Recuerde: ¡El enfoque del enemigo es
> siempre causar que la obra de Dios cese!

Desde luego, cuando el ridículo no detuvo el trabajo, el enemigo amenazó con luchar contra el pueblo de Jerusalén. Pero Nehemías permaneció más impresionado con las promesas de Dios de lo que lo estaba por las amenazas del enemigo. Él había pasado tiempo oyendo el corazón de Dios con respecto a la tarea y sabía para qué estaba él allí. En lugar de desalentarse, armó a algunos de los hombres para la batalla a la vez que edificaban el muro y seguían adelante.

Cuando las amenazas no detuvieron la reconstrucción, el enemigo planeó colarse dentro de la ciudad, diciendo: "No sepan, ni vean, hasta que entremos en medio de ellos y los matemos, y hagamos cesar la obra." (Nehemías 4:11). Nehemías unió al pueblo para no caer tampoco por esa amenaza, y la reconstrucción continuó.

Alentados por el éxito de la reconstrucción del muro, los israelitas que habían sido dispersados lejos durante años comenzaron a emprender camino de regreso a Jerusalén. Muchos que habían nacido en la cautividad necesitaban aprender los caminos de Dios, así que se reunieron diariamente para oír a Esdras leer de la Biblia. Con alegría celebraron juntos su primera fiesta después de haber reconstruido los muros: la Fiesta de los Tabernáculos. Al final de la celebración de una semana de duración, convocaron una asamblea solemne el octavo día para ayunar y orar.

> El día veinticuatro del mismo mes se reunieron los hijos de Israel en ayuno, y con cilicio y tierra sobre sí. Y ya se había apartado la descendencia de Israel de todos los extranjeros; y estando en pie, confesaron sus pecados, y las iniquidades de sus padres. Y puestos de pie en su lugar, leyeron el libro de la ley de Jehová su Dios la cuarta parte del día, y la cuarta parte confesaron sus pecados y adoraron a Jehová su Dios.
>
> —Nehemías 9:1-3

La fiesta y el ayuno que siguió fueron ordenados por Dios y tuvieron un impacto duradero en la reforma de Jerusalén. Hay varios elementos en este ayuno de los que podemos aprender para "súper cargar" nuestro propio período de ayuno y consagración.

## Asamblea

El primer elemento de este ayuno fue que todo el pueblo detuvo lo que estaba haciendo y se reunió en unidad común, con un propósito común. Cuando usted se reúne con otros creyentes, aun si solo son un par de amigos a los que pide que ayunen con usted con respecto a algún asunto, es poderoso. También le proporciona un "sistema de colegas", de modo que cuando usted se debilite y comience a tener visiones de patatas fritas, tenga un amigo al que llamar y que orará por su recuperación. Únase a otros creyentes cuando esté ayunando y orando por una situación.

## Separación

Los israelitas se separaron de otros en la tierra, de quienes no seguían al Señor. Necesitaban apartarse de influencias externas que habrían obstaculizado su consagración al Señor. Del mismo modo, es importante que usted se separe de las cosas de este mundo. Deje el entretenimiento; aléjese de la computadora y de los mensajes de correo electrónico de vez en cuando. El ayuno no se trata solo de comida; también se trata de esas cosas que obstaculizan su consagración y su enfoque en Él. ¿Qué bien hay en "no comer" si sigue pasando horas con sus ojos pegados al televisor y sus oídos llenos de música poco piadosa? Su espíritu se abre de manera especial durante un ayuno. Usted está abierto a cualquier cosa con que alimente su espíritu… las cosas de Dios e igualmente las cosas poco piadosas.

## Confesar

Observe que ellos "confesaron sus pecados, y las iniquidades de sus padres" (Nehemías 9:2). Cuando usted comience a ayunar, comience a arrepentirse. Dios traerá a su atención pecados e iniquidades a medida que ayune y ore, momentos en que ha hecho concesiones, palabras que ha pronunciado, sus actitudes y actos que no están arraigados en el amor de Él, o personas a las que ha ofendido. Cuando ayune, arrepiéntase con rapidez de las cosas que lleguen a su mente. Como escribió Juan: "Si confesamos nuestros pecados, él es fiel y justo para perdonar nuestros pecados, y limpiarnos de toda maldad" (1 Juan 1:9).

## La Palabra

Cuando ayuna, se vacía a usted mismo. Cuando se arrepiente, se vacía a usted mismo. Necesita llenar esos vacíos con la Palabra de Dios. Observe que ellos "leyeron el libro de la ley de Jehová su Dios la cuarta parte del día" (Nehemías 9:3). Cuando ayunaron, se reunieron para oír leer la Palabra de Dios. ¡La fe viene por el oír la Palabra! Cuando ayune, lea su Biblia. Consúmala.

## Adoración

Finalmente dice: "y la cuarta parte confesaron sus pecados y adoraron a Jehová su Dios" (v. 3). Ellos se habían reunido, se separaron de influencias impías, confesaron sus pecados, y durante la mitad del día leyeron la Palabra de Dios, confesaron y adoraron. Para mayor claridad, "confesaron" en esta ocasión se refiere a confesar la grandeza de Dios. El pueblo estaba proclamando las verdades y las promesas de la Palabra de Dios cuando adoraban. Mientras esté ayunando, confiese siempre las verdades y las promesas de Dios sobre usted mismo y su familia. La adoración es crítica durante un ayuno.

## "Después"

El libro de Joel comienza con una descripción de una tierra tan desolada que incluso la palmera se ha secado. Describe un severo juicio que da como resultado hambre y total devastación; sin embargo, Dios ofrece un rayo de esperanza incluso a un pueblo considerado digno de tal destrucción cuando dice: "convertíos a mí con todo vuestro corazón, con ayuno y lloro y lamento" (Joel 2:12). Joel llama al pueblo: "rasgad vuestro corazón, y no vuestros vestidos, y convertíos a Jehová vuestro Dios; porque misericordioso es y clemente, tardo para la ira y grande en misericordia, y que se duele del castigo" (v. 13). El libro comienza con destrucción y termina con promesa *después* de que el pueblo haya convocado una asamblea sagrada con serio ayuno y oración. Joel 2:28 dice: "Y después de esto derramaré mi Espíritu sobre toda carne, y profetizarán vuestros hijos y vuestras hijas; vuestros ancianos soñarán sueños, y vuestros jóvenes verán visiones".

La tormentosa economía últimamente ha causado que personas pierdan empleos, casas; algunos lo han perdido todo. ¿Está usted viviendo en lo que parece una devastación? Es momento de ayunar, arrepentirse y buscar al Señor. ¡Yo creo en el "después"! Creo que Dios le dará nuevos sueños y visión para su vida. Aunque esté usted caminando en tiempos angustiosos en la actualidad, llega la liberación.

Como la Iglesia, el pueblo de Dios, es momento de sacudirse las restricciones de la "corrección política" cuando se trata de pasión por el Señor. Dios no es movido por la corrección política; Él es movido por nuestra pasión por Él. Desde Génesis hasta Apocalipsis, tomar su cruz, seguir al Señor, apartarse de la maldad y morir a la carne son todas ellas parte de ser cristiano. Pero la Iglesia se está volviendo tan carnal que no es poco común oír referirse a quienes ayunan, oran y buscan el rostro de Dios como "fanáticos". No es una locura pasarse sin comer durante un período de tiempo establecido a fin de poder conocer mejor a Dios. La locura es conformarse, en cambio, con una relación mediocre y tibia con Jesús.

> Como la Iglesia, el pueblo de Dios, es momento de sacudirse las restricciones de la "corrección política" cuando se trata de pasión por el Señor.

Como nación, necesitamos tomar en serio las advertencias de Dios. Él enviará ayuda cuando su pueblo haga su parte de humillarse en ayuno y oración, buscando su rostro. "Ni nunca oyeron, ni oídos percibieron, ni ojo ha visto a Dios fuera de ti, que hiciese por el que en él espera" (Isaías 64:4). El pueblo de Dios está comenzando a tomar en serio el llamado a ayunar y orar. Este año pasado, ¡300,000 cristianos en todo el mundo se unieron a Free Chapel en nuestro primer ayuno del año de veintiún días para honrar al Señor! La mayoría comienza con tres días de ayuno estricto, tomando solamente agua y jugos, y después pasan al "ayuno de Daniel" durante los veintiún días siguientes, absteniéndose de todas las carnes, dulces y panes. Pero lo que usted coma o no coma en un ayuno espiritual es solo parte de la ecuación. La otra parte de un ayuno es arrepentirse y buscar el rostro de Él. Necesitamos reunirnos, consagrarnos a nosotros mismos de las distracciones mundanas, confesar nuestros pecados y los pecados de nuestra nación, profundizar más en la Palabra de Dios, ¡y adorarle a Él con pasión y alabanza!

# Capítulo 9

## El plato principal

Hay un par de restaurantes en Missouri, y uno en Alabama, que han desarrollado un medio de lo más inusual de servir a sus clientes. De hecho, su método se ha convertido en su marca de la casa a lo largo de los años. Establecido en 1949, el Café Lambert era conocido por una buena cocina casera. Pero en 1976 se convirtió en el Café Lambert: "El único hogar de los panecillos lanzados".

Parece que el propietario, Norman Ray Lambert, estaba demasiado ocupado un día para llevar más panecillos a la mesa de un cliente. Impaciente por tener su delicioso panecillo recién horneado, el cliente gritó: "Oh, solo láncelo hasta aquí". Así que Norman le hizo un favor con un buen lanzamiento, el cliente agarró el panecillo caliente, y nació una marca de la casa. Cuando usted visita uno de sus tres locales en distintos lugares, durante el día entero salen camareros con bandejas de panecillos calientes, recién sacados del horno, y comienzan a lanzar panecillos de doce centímetros de anchura al aire a los clientes que esperan. Eso capta la atención de todos, a medida que se levantan brazos por todo el restaurante indicando al camarero que lance. La mayoría de las veces los panecillos son agarrados con la mano, pero ocasionalmente uno se cuela entre los dedos y golpea en la cabeza de la persona sentada en la mesa siguiente.

Según su página web, los hornos de pan en Lambert´s funcionan sin parar durante el turno de doce horas a una media de 500 panecillos por día, más de 2.2 millones de panecillos al año. Con tanta emoción y atención dadas a los pedazos de pan voladores, se podría pensar que ese es el plato principal, pero no lo es, desde luego. Los "panecillos lanzados" son solo un acompañamiento, un añadido para quienes acuden a disfrutar de un gran plato de costillas, bagre, pollo frito, filete al estilo *country*, u otros platos principales.

El pan ha ocupado el asiento trasero desde tiempos antiguos. Entonces era considerado no solo una fuente principal de nutrición, sino que también tenía un significado simbólico. Nuestras cosechas de trigo en la actualidad se originaron en la zona del Creciente Fértil en Oriente Medio, conocido como la cuna de la civilización y el lugar que Abraham llamaba hogar. Como parte de la maldición por el pecado del hombre, Dios le dijo a Adán: "Con el sudor de tu rostro comerás el pan hasta que vuelvas a la tierra" (Génesis 3:19). Se estaba refiriendo a que la humanidad tendría que esforzarse para trabajar la tierra y cultivar cosechas de trigo que proporcionarían su fuente principal de nutrición. Mucho tiempo antes de nuestros anuncios en televisión proclamasen: "Carne: lo que hay para cenar", el eslogan habría sido en cambio más parecido a: "Pan: lo que hay para cenar".

A diferencia, sin embargo, de esos deliciosos y esponjosos panecillos con levadura del Café Lambert′s, el pan de la Biblia con frecuencia se hacía sin levadura, y probablemente no era tan divertido lanzarlo, a menos que se lanzase como si fuera un Frisbee. Dios usó la levadura de modo simbólico para ilustrar el poder del pecado en la vida de su pueblo, que incluso un poco haría aumentar toda la masa. Años después, Pablo advirtió a los corintios acerca de su orgullo, diciendo:

> No es buena vuestra jactancia. ¿No sabéis que un poco de levadura leuda toda la masa? Limpiaos, pues, de la vieja levadura, para que seáis nueva masa, sin levadura como sois; porque nuestra pascua, que es Cristo, ya fue sacrificada por nosotros. Así que celebremos la fiesta,

no con la vieja levadura, ni con la levadura de malicia y de maldad, sino con panes sin levadura, de sinceridad y de verdad.

—1 Corintios 5:6-8

Cuando el Señor y dos ángeles se aparecieron a Abraham, él se acercó enseguida a ellos y dijo: "Señor, si ahora he hallado gracia en tus ojos, te ruego que no pases de tu siervo. Que se traiga ahora un poco de agua, y lavad vuestros pies; y recostaos debajo de un árbol, y traeré *un bocado de pan*, y sustentad vuestro corazón" (Génesis 18:3-5, énfasis añadido). Ellos estuvieron de acuerdo, y Sara hizo pan para ellos rápidamente. Me resulta interesante que, aunque Abraham también les sirvió la carne de becerro tierno, fue el pan lo que debía sustentar a los hombres. Cuando se fueron, los dos ángeles visitaron al sobrino de Abraham, Lot, para advertirle de la inminente destrucción de Sodoma. Lot también hizo tortas de pan sin levadura para ellos.[1]

Años después, cuando Dios liberó a los israelitas de la esclavitud en Egipto, se les dieron instrucciones concretas sobre qué comer aquella última noche, la noche en que "pasarían" de sus casas cuando un ángel de muerte destruyese a todos los primogénitos en Egipto. Ellos tenían que "estar listos", sin tiempo para que la masa de pan aumentase de tamaño, y por eso parte de la cena de Pascua, y lo sigue siendo, es pan sin levadura. Después estuvieron vagando por el desierto cuarenta años, lo cual hace difícil plantar y cosechar trigo para hacer pan. Por tanto, el Señor dijo a Moisés: "He aquí yo os haré llover pan del cielo; y el pueblo saldrá, y recogerá diariamente la porción de un día, para que yo lo pruebe si anda en mi ley, o no" (Éxodo 16:4). Ellos comieron ese "pan del cielo" diariamente durante todo su tiempo en el desierto.

¡El pan era muy importante! No era ninguna opción secundaria de "lo tomas o lo dejas" como lo es en la actualidad. ¿Puede imaginar a un esposo llegando a su casa y oír a su esposa decir: "Cariño, he trabajado todo el día preparándote una maravillosa cena"? Usted se muere de hambre, y no puede esperar a hincarle el diente a ese "festín" que su esposa ha preparado. Se sienta a la mesa y encuentra pan. Eso es todo. Solo pan. Eso podría haber sido emocionante hace tres mil años, pero no tanto en la actualidad. Hoy, se puede ir a un restaurante y lo primero que sirven en la mesa es una cesta de pan caliente. El pan está incluido; es solo un entrante para apaciguar el hambre hasta que llegue la comida mejor. Puede usted comérselo o no, porque no es el plato principal. Pero en tiempos antiguos, si no se comía el pan uno se quedaba con hambre.

El Antiguo Testamento está lleno de referencias al pan y a su significado en la cultura. Dios les dijo a los israelitas: "Si anduviereis en mis decretos y guardareis mis mandamientos, y los pusiereis por obra… comeréis vuestro pan hasta saciaros, y habitaréis seguros en vuestra tierra" (Levítico 26:3-5). ¡Él suplirá todas sus necesidades! Incluso en estos versículos en Levítico, guardar los mandamientos de Dios y caminar en obediencia está relacionado con tener todo lo que uno necesita.

Hasta compartir el pan con otros tenía significado. Es parte del ayuno escogido por Dios compartir su pan con quien tiene hambre.[2] En aquella cultura, partir el pan significaba literalmente tomar la barra en sus manos y partirla o romperla en lugar de utilizar un cuchillo para dividirla. Compartir lo que tenía con sus propias manos daba al compartir una comida una atmósfera más personal e íntima. Jesús frecuentemente "partía el pan" con sus discípulos y otros. Él alimentó a multitudes de personas después de haber dado gracias y haber partido el pan, y entonces lo multiplicó de modo que hubiera suficiente para todos los que tuvieran hambre. Barras de pan eran partidas con la mano y distribuidas, y las personas partían sus pedazos en otros más pequeños utilizados para mojarlo en un plato compartido de carne y verduras, u otro alimento. De hecho, en lo que ahora hacemos referencia como la "Última Cena", Juan le preguntó a Jesús quién lo traicionaría. Jesús dijo: "A quien yo diere el pan mojado, aquél es. Y mojando el pan, lo dio a Judas Iscariote hijo de Simón" (Juan 13:26).

## YO SOY el Pan de vida

Ahora pensemos en lo importante que era el pan en la historia de los israelitas al leer el capítulo 6 de Juan. Las palabras de Jesús en este capítulo fueron fundamentales incluso para algunos de sus seguidores, porque ellos no pudieron aceptarlo cuando Él afirmó ser "el Pan de vida". El capítulo comienza con Jesús multiplicando cinco pequeños panes de cebada y dos peces que aquel muchacho en la multitud tenía para su almuerzo. Jesús partió el pan, dio gracias, y alimentó a toda la multitud de más de cinco mil que se había reunido para oírle enseñar. Después, la gente siguió a Jesús hasta el siguiente lugar, no porque vieron un milagro sino porque obtuvieron una comida gratis. ¡Entonces preguntaron qué señal haría Él! Él puso nervioso a más de uno cuando respondió:

> De cierto, de cierto os digo: No os dio Moisés el pan del cielo, mas mi Padre os da el verdadero pan del cielo. Porque el pan de Dios es aquel que descendió del cielo y da vida al mundo. Le dijeron: Señor, danos siempre este pan. Jesús les dijo: Yo soy el pan de vida; el que a mí viene, nunca tendrá hambre; y el que en mí cree, no tendrá sed jamás.
>
> —Juan 6:32-35

¡Vaya afirmación! Recuerde: el pan no era meramente una idea de último momento o un plato secundario para las personas que oyeron sus palabras. El pan era la parte principal de su dieta. Cuando Jesús dijo: "Yo soy el pan de vida", en aquella cultura captó la atención. Él intentaba hacer que entendieran: "Ustedes me necesitan cada día. Me necesitan no solo el domingo. Me necesitan cada hora. Me necesitan cada minuto. No pueden lograrlo sin mí. Yo soy el pan de vida. Yo soy el punto principal de su vida. Sin mí, sin pan, perecerán". Yo puedo pasarme sin muchas cosas, pero no puedo hacer nada sin Jesús. Él no es una ensalada como guarnición. Él no es algo en un lado de la mesa en una cesta que yo puedo tomar o dejar. Él es la fuente de vida.

**Drama (¡o trauma!) en la ventanilla de autoservicio**

Creo que la mayoría de los hombres que lean esto entenderán lo que estoy a punto de compartir. Se debe a que, en nuestro interior, a los hombres no les gusta pedir en ventanillas de autoservicio. Al menos no a los hombres con un auto lleno de personas. Yo he tenido experiencias, especialmente cuando los niños eran más pequeños, que me dejaron sin volver a querer pasar nunca más por una ventanilla de autoservicio. Mis hijos ya son casi todos adultos, pero el proceso sigue poniéndome nervioso. En una ocasión, cuando Cherise estaba fuera de la ciudad, me atreví a pasar por una ventanilla de autoservicio de regreso a casa desde la iglesia con todos los niños. Todos ellos eran muy pequeños entonces. Para evitar tener a un montón de niños gritando y cambiando su pedido en el último momento, me detuve para que todos me dijeran lo que querían antes de que llegásemos al micrófono para pedir. En ese lugar en particular, el proceso no iba bien. Finalmente me frustré y le dije a la muchacha que estaba al otro lado del micrófono que quería cinco hamburguesas para niños solamente con kétchup en el pan. Avancé, pagué mi pedido, agarré las bolsas que ella me dio y tranquilamente conduje hasta nuestra casa. Mi hija mayor, Courteney, estaba ayudando a distribuir a todos las hamburguesas cuando dijo con un tono de sorpresa: "Papá, no hay carne en estos panes". En efecto, la muchacha de la ventanilla había tomado mis palabras literalmente. ¡Me habían dado cinco panes cuidadosamente envueltos sin nada dentro a excepción de kétchup!

> Recuerde: El pan no era meramente una idea de último momento o un plato secundario para las personas que oyeron sus palabras.

Quizá pueda entender un poco mejor por qué me pongo tenso al pedir en ventanillas de autoservicio. ¡Es confuso! Un caos total puede surgir en el auto. Me detendré, apagaré la radio del auto, tendré los pedidos de todos organizados en mi mente, ordenaré silencio total, y haré mi pedido con confianza, diciendo al final: "Y eso es todo, gracias". ¿Entonces sabe lo que sucede? Si es usted papá, lo sabe. La voz habla por el altavoz diciendo: "¿Le gustaría también un pastel caliente de manzana?". Ahora bien, eso puede confundirlo todo con mucha rapidez, a medida que los niños comienzan a modificar sus pedidos y añadir cosas.

Pero quiero que capte lo que esa afirmación comunica más allá de la voz que quiere aumentar las ventas. Lo que ella realmente quería decir era: "Mire, los pasteles de manzana no son nuestro plato principal. Los pasteles de manzana no son la razón de nuestra existencia. Usted ya ha pedido el plato principal por el que somos conocidos, pero quiero saber si usted quiere esta pequeña guarnición como acompañamiento".

## Cristianismo de ventanilla de autoservicio

El problema es que el Cuerpo de Cristo ha desarrollado últimamente una marca de ventanilla de autoservicio, donde sencillamente "lo tomamos o lo dejamos" a voluntad. ¡En ningún lugar en la Biblia dice que el Pan de vida sea meramente un *acompañamiento*!

Creo que cuando Dios mira nuestras ocupadas vidas y nos ve yendo aquí, yendo allá, trabajando, jugando, llevando a los niños a partidos y disfrutando de todas sus bendiciones, en algún momento su Espíritu clama: "¿Quieres algo de Dios con todo eso?". Nos centramos en estudiar, sacar una carrera, seguir una profesión: "¿Te gustaría algo de Dios con todo eso?". ¿Con cuánta frecuencia nos comportamos como si pudiéramos pellizcar un poquito de Dios aquí y allá, doblar la servilleta otra vez sobre el plato, y seguir con nuestras propias cosas el resto de la semana? ¿Se han vuelto nuestras vidas tan llenas que solo tenemos espacio para una probadita de Dios los domingos y quizá los miércoles? ¿Vamos a la iglesia tan llenos del mundo que no tenemos espacio para el Pan de vida, de modo que nos apresuramos a seguir con lo que consideramos el plato principal en nuestra vida? ¿Mira Él nuestros bonitos edificios y elaborados programas y dice: "¿Quieres algo de Dios con todo eso?". ¿Escucha Él nuestra predicación, los cantos de nuestro coro, nuestros aplausos, y dice: "¿Quieres algo de Dios con toda esa rutina religiosa?".

¡Necesitamos cultivar una genuina hambre y sed por el Señor! No podemos enfocarnos en el ayuno y la oración y esperar llegar lejos cuando tenemos el entendimiento equivocado de Jesús desde un principio. Jesús siguió explicando a la multitud que argumentaba:

> Yo soy el pan de vida. Vuestros padres comieron el maná en el desierto, y murieron. Este es el pan que desciende del cielo, para que el que de él come, no muera. Yo soy el pan vivo que descendió del cielo; si alguno comiere de este pan, vivirá para siempre; y el pan que yo daré es mi carne, la cual yo daré por la vida del mundo.
>
> —Juan 6:48-51

Cuando tenga hambre y sed de Jesús, será llenado. En definitiva, la vida sencillamente no funciona a menos que usted crea que Él es el Hijo de Dios, el Pan de vida, lo principal que necesita para sobrevivir. Tenga casa o no, debo tener pan. Tenga trabajo o no, debo tener pan. Podemos tomar todo lo que haya en la mesa y devolvérselo al camarero, y poner solamente el "pan" en el centro. Eso es lo importante; todo lo demás es extra. El Pan de vida es lo más importante en su hogar, en su familia, en su matrimonio, en su vida. Creo que debemos seguir con diligencia los sueños que Dios nos da, pero nunca debemos permitir que esa búsqueda eclipse a Jesús en el centro: "Porque ¿qué aprovechará al hombre, si ganare todo el mundo, y perdiere su alma?" (Mateo 16:26).

## Hambre de más en la Iglesia

El ayuno le hace tener hambre de lo que realmente importa en la vida y entiende que ninguna otra cosa dará satisfacción. Yo quiero el Pan de vida más que ninguna otra cosa, porque todo lo demás me deja con hambre. Si eso no es cierto en su vida, entonces es momento de ayunar y orar hasta que surja esa hambre. Uno de los mayores problemas en la Iglesia en la actualidad es que estamos tan llenos de todo lo que el mundo tiene que ofrecer que no tenemos nada que ofrecer a un mundo hambriento.

Como pastor, quiero que haya pan en cada reunión. No predico bien a menos que mi boca esté llena de pan. Nuestro coro y grupo de alabanza no cantan bien a menos que sus bocas estén llenas de pan. No hay un músico vivo que pueda tocar lo bastante bien para liberar a los cautivos a menos que caigan migas de pan de sus dedos mientras toca. Solamente deberían estar en ese lugar llenos del Pan de vida. Tenemos muchas personas con talento en la Iglesia, pero mayor que el talento es el pan. Incluso si alguien no canta tan bien o predica tan bien, si han estado con Jesús, ¡entonces tienen lo que se necesita para tocar corazones y cambiar vidas! Debemos sacar la confusión del Cuerpo de Cristo: no se trata de hacer reuniones, o de cantar, o de edificios, o de presupuestos. No se trata de "cosas" religiosas. Se trata de Jesús. Cuando entendamos bien esa parte, todo lo demás estará en su lugar.

Cuando el Pan de vida está presente y ese aroma fresco comienza a llenar la sala, las personas no quieren irse. Pablo y Silas fueron llevados a la parte más interior de una cárcel romana con sus pies encadenados; pero en lugar de que la murmuración y la queja llenasen sus bocas, ¡sus bocas estaban llenas de pan! Ellos cantaban y adoraban al Señor incluso a la medianoche, y los otros internos escuchaban. Entonces un terremoto sacudió el lugar y rompió las cadenas de todos los que estaban atados, abriendo también las puertas. El carcelero, que se despertó por todo el ruido, pensó que todos los prisioneros habían escapado, y estaba a punto de suicidarse cuando Pablo le aseguró que todos estaban allí.[3] Todos ellos. Ningún prisionero se fue; se quedaron todos los sinvergüenzas, asesinos y ladrones. Yo creo que la presencia de Dios era tan real en ese lugar que no solo fueron salvos el carcelero y su familia, sino que también prisioneros que podrían haber huido escogieron quedarse. Eso me hace pensar en los domingos en la mañana cuando las personas tienen un encuentro con Dios en los altares, siendo libres de adicciones y acudiendo a Jesús; mientras todos los demás realizan un éxodo masivo por las puertas. Me encanta ver momentos en que, aunque las personas pueden irse, no lo hacen porque reconocen que el Pan de vida está en la sala.

## Hambre de más en el hogar

El Pan de vida tiene que ser algo más que un plato acompañante también en su hogar. Papás, ustedes nunca serán el esposo y padre que Dios les diseñó para que fuesen si Él no es el plato principal en sus vidas. Mamás, lo mismo se aplica a ustedes. Si actúan como si las cosas de Dios fuesen tan solo cierta obligación desagradable, sus hijos no tendrán apetito por las cosas de Dios. No pueden esperar que sus hijos se enamoren de algo que ustedes critican constantemente.

Momento de verdadera confesión: yo aborrezco el hígado y las cebollas. Por lo que yo sé, ninguno de mis hijos ha probado nunca el hígado. ¿Por qué? Porque nos han oído a Cherise y a mí decir muchas veces que el hígado es asqueroso y que sabe a tierra frita. Lo único que yo he probado alguna vez y que sabía peor fue la sopa de tortuga que las hermosas gentes de Perú hicieron para mí en mi primer viaje para visitar las aldeas con las que trabajamos en el Amazonas. Pero esa es otra historia. Lo que quiero decir es que si sus hijos solamente le oyen hablar de lo que no le gusta de la iglesia, del predicador, de la gente, de la música… finalmente tendrá usted hijos sin hambre alguna del Pan de vida.

Yo amo a mis hijos y estoy muy orgulloso de cada uno de ellos. Han crecido en un hogar con padres que aborrecen el hígado, pero que les gusta ayunar. Cherise y yo hemos sido ejemplos para ellos de la práctica del ayuno y la oración siempre que deseábamos acercarnos más a Dios, o cuando había una emergencia que sencillamente parecía requerir algo más que oración.

Una de mis hijas pasó por un difícil período de enfermedad física recientemente. Oramos por ella, y sin embargo, ella seguía batallando por sentirse mejor. Aquello continuó durante varias semanas. Un domingo después de la iglesia, comenzó a sentirse mal de nuevo. Ella comenzó a orar y se sintió impulsada a llamar a su hermano menor, Drake, y pedirle que orase también por ella. En ese momento, el resto de nosotros estábamos reunidos en el restaurante mexicano favorito de Drake a la espera de hacer nuestro pedido. Cuando sonó su teléfono, él se fue tranquilamente de la mesa para atender la llamada de su hermana. Cuando ella le dijo lo que iba mal, Drake inmediatamente comenzó a orar por ella en el teléfono. Ahora bien, con doce años de edad, Drake es normalmente un muchacho bastante tranquilo, e incluso un poco tímido, pero él entendió perfectamente la situación y oró con poder, reclamando la sanidad completa para su hermana.

Drake terminó la llamada con su hermana y tranquilamente regresó a la mesa. El camarero estaba allí para tomar nota de nuestro pedido, así que mi esposa preguntó a Drake qué quería comer. Sin discusión alguna, él respondió: "Nada. Hoy voy a ayunar por lo que acabo de orar". Mi corazón se derritió. Allí estaba mi hijo menor, de doce años de edad, en su restaurante favorito, con tanta hambre como el resto de nosotros; y su instinto *natural* fue ayunar, porque con eso ha crecido. No me importa si mis hijos comen hígado alguna vez, ¡mientras sepan cómo buscar a Dios por sí mismos! Lo único que Drake quería para comer aquel día era el Pan de vida. Más adelante aquella tarde recibimos una llamada de nuestra hija diciendo que su estado había cambiado y que se sentía cien por ciento mejor.

## Sostén de la familia

Dios les dio a los israelitas maná en el desierto para proveer para ellos, pero también para probarles y ver si ellos seguirían sus estatutos. El maná no caía dentro de sus tiendas; ellos tenían que salir y recoger el pan del cielo fresco diariamente. Tampoco se mantenía fresco en sus tiendas hasta el día siguiente; se estropeaba. Para aplicar eso en la actualidad, significa que usted tiene que ser responsable de llevar a casa el Pan de vida. Los predicadores no pueden hacerlo todo por usted el domingo en la mañana. Usted tiene que acudir a Dios diariamente: "Danos hoy el pan de cada día…".[4] Apague el televisor, los juegos de video, las computadoras y los teléfonos celulares. Declare un ayuno con respecto a esas cosas si tiene que hacerlo a fin de limpiar la mesa de todo a excepción del Pan de vida hasta que esté usted satisfecho.

La mayoría de nosotros hemos oído el término *sostén de la familia* antes, utilizado con respecto a aquel que se gana la vida en el hogar. Pero quiero llevarlo a un nivel diferente: ¿quién es el que tiene el Pan de vida en su hogar? Mamás, papás, ¿son ustedes sostenes de la familia? Cuando sus hijos se sienten enfermos, ¿acuden a usted y dicen: "papá… mamá, ora por mí. Sé que si oras, Dios me tocará"? Cuando se encuentran con problemas difíciles, ¿acuden a usted porque usted es quien tiene el Pan de vida en el hogar? ¿Ocupan el lugar del sostén de la familia ante los ojos de su familia de modo que ellos les honran y les respetan? ¿Ven ellos su caminar con Dios diariamente, de modo que les preguntarán de la Biblia y esperan que ustedes les den respuestas espirituales? ¿Ven ellos a sus padres peleándose y discutiendo diariamente, o los ven edificándose el uno al otro con la Palabra de Dios? David lo tomaba literalmente cuando escribió: "Y no he visto justo desamparado, ni su descendencia que mendigue pan" (Salmos 37:25). Pero yo creo que también hay en ello un lado espiritual. Su hogar debería estar tan lleno del Pan de vida que sus hijos no necesiten acudir a otro lugar para llenarse.

El Café Lambert´s sirve estupenda comida en un ambiente divertido, pero aparecieron en el mapa porque un día decidieron servirla de modo un poco distinto. ¡Dios nos está llamando a salir de la rutina! Rompa el molde. Tome algunos días para ayunar y orar. Pida al Señor que le llene de nuevo. Si Jesús mismo nos enseñó a orar: "Danos el pan de cada día", entonces Él promete que hay algo más de Dios que podemos tener hoy y que no tuvimos ayer. Habrá algo nuevo mañana que el pan de hoy no tendrá. ¡Fije su mente en el plato principal y búsquele a Él!

# Capítulo 10

# Vivir de adentro hacia afuera

Un día, al ser el típico hombre con SAD (síndrome de atención deficiente), me levanté apresuradamente, me vestí con rapidez y fui al supermercado. Llevaba un rato caminando por la tienda cuando de repente me di cuenta de que llevaba la camisa puesta del revés. ¡Me sentí muy avergonzado! Salí enseguida de la tienda y regresé a casa para cambiarme. Hay algo que hace que uno se sienta traicionado cuando lleva la ropa con la parte de dentro hacia fuera. ¡Qué desastre!

David, escogido por Dios, rey del pueblo de Dios, un adorador de corazón, por fuera, pero por dentro se estaba ahogando en pecado y en sus intentos por ocultar ese pecado. Durante un breve período de tiempo en su vida, David entendió lo que significaba ser un hipócrita. El joven que mató a un gigante y se convirtió en rey bajo el favor de Dios supo lo que era vivir una mentira. Comenzó con bastante sencillez. Comenzó el día en que sus tropas estaban fuera en la guerra y David se quedó en casa, donde sus ojos y sus pensamientos vagaban hasta que se tropezaron con la mujer que se estaba bañando en la casa contigua. Ella era la esposa de un soldado que estaba en la guerra luchando por su rey. Sin embargo, la historia se enreda más. David concibió un hijo con la esposa del otro hombre. Entonces intentó ocultarlo enviando al soldado a su casa para que estuviera con su esposa y así pensase que el hijo era de él cuando se enterase de la noticia. Pero el soldado era tan leal a su rey que su mente estaba solamente en defender a su país, y no en estar con su esposa. Ya que eso no funcionó, David envió al soldado a la primera línea de batalla para que lo mataran. David entonces se casó con la viuda que estaba embarazada de un hijo de él.

Tal como Dios le dijo al profeta Samuel antes de que ungiese a David como rey: "El hombre mira lo que está delante de sus ojos, pero Jehová mira el corazón" (1 Samuel 16:7). En su misericordia, el Señor envió a un hombre para confrontar a David, y cuando David fue confrontado, se derrumbó. Se arrepintió y derramó su corazón delante del Señor pidiendo misericordia, gracia y perdón. Vemos la profundidad de su tristeza y arrepentimiento por ese período en muchos de sus salmos, pero especialmente en el Salmo 51. Notemos lo que él afirma en estos versículos:

> He aquí, tú amas la verdad en lo íntimo,
> Y en lo secreto me has hecho comprender sabiduría…
> Crea en mí, oh Dios, un corazón limpio,
> Y renueva un espíritu recto dentro de mí.
> No me eches de delante de ti,
> Y no quites de mí tu santo Espíritu.
> —Salmos 51:6, 10-11

Si permite que el pecado eche raíces en su corazón, cuando el Espíritu Santo traiga convicción sobre ese pecado la única cura es ser limpiado y cambiado desde adentro hacia afuera. Al igual que David, debemos entender que no es algo que podamos hacer en nuestras propias fuerzas. El ciclo tiene que ser roto con quebrantamiento. Lo único que David podía hacer era ser quebrantado en arrepentimiento delante de Dios y pedirle que le limpiase desde dentro hacia fuera.

## Lo que hay en el interior

Cuando se trata del corazón del hombre, lo que entra es también lo que sale. Por eso Jesús puso en evidencia a los fariseos por su exterior religioso. Los llamó fingidores e hipócritas, diciendo: "¡Ay de vosotros, escribas y fariseos, hipócritas! porque sois semejantes a sepulcros blanqueados, que por fuera, a la verdad, se muestran hermosos, mas por dentro están llenos de huesos de muertos y de toda inmundicia. Así también vosotros por fuera, a la verdad, os mostráis justos a los hombres, pero por dentro estáis llenos de hipocresía e iniquidad" (Mateo 23:27-28). Ellos se veían bien; desempeñaban el papel; cumplían con las formalidades religiosas. Pero prestaban mucha más atención a crear el estándar exterior del que prestaban a seguir el estándar interior. Lo que hay en el interior se mostrará en el exterior. Piénselo del siguiente modo: Cuando alguien se pone enfermo y siente náuseas, esa persona no necesita entrenamiento sobre cómo hacer que salga lo que hay dentro. ¡El cuerpo sabe cómo hacer eso él solito! Cuando usted tiene basura dentro, la basura sale. Pero de igual manera, cuando usted tiene a Jesús dentro, Jesús sale.

> Si permite que el pecado eche raíces en su corazón, cuando el Espíritu Santo traiga convicción sobre ese pecado la única cura es ser limpiado y cambiado desde adentro hacia afuera.

Más adelante, David proclama con valentía: "Bendice, alma mía, a Jehová, y bendiga *todo mi ser* su santo nombre" (Salmos 103:1, énfasis añadido). Yo creo que David llegó a un punto en el que pudo bendecir al Señor con todo lo que había en él porque no ocultaba nada de los ojos de Dios. Su espíritu era recto; su corazón era recto; su conciencia estaba tranquila.

La pregunta es: ¿Puede *todo su ser* bendecir su santo nombre? ¿Está su corazón limpio delante del Señor hoy? ¿Puede usted adorarle en espíritu y verdad, o tiene "cosas" en el interior que le dan gloria a Él? Si hemos de adorar a Dios en espíritu y verdad tal como Jesús dijo, eso solo puede venir desde dentro de un corazón limpio. No viene de huesos de hombres muertos. Jesús dijo: "Si alguno tiene sed, venga a mí y beba. El que cree en mí, como dice la Escritura, de su interior correrán ríos de agua viva" (Juan 7:37-38). ¿Hay ríos de agua viva saliendo de usted, o son corrientes contaminadas? ¿De qué se está llenando? ¿Qué hay en el interior?

Creo que cuanto más tiempo servimos al Señor, más fácil puede ser quedar enredados en la rutina de la religión. Yo tengo que batallar con eso a veces. Siento la presión de ser lo que se espera de mí externamente aunque pueda sentirme totalmente agotado por dentro. Por eso tenemos que tener cuidado de no emplear tanta energía en mantener la apariencia exterior que poco después sea solo eso: una cubierta exterior para cubrir un interior que se seca. Es peligroso para una persona o ministerio estar creciendo externamente, pero disminuyendo en pasión por Jesús internamente.

Si siento que mi pasión por Jesús comienza a desvanecerse, ayuno. No puedo subrayar exageradamente cómo el ayuno le ayuda a recuperar la vanguardia cuando usted se está debilitando. Le ayuda de inmediato a volver a enfocarse solo en las cosas que realmente importan y a limpiarse a usted mismo del resto. El ayuno le ayuda a mantener el quebrantamiento interior que permite que Dios haga que su exterior encaje con su interior. Es un "de adentro hacia afuera" vivo. No tiene usted que fingir externamente cuando está lleno del Señor internamente.

## Una brillante bola de tierra

Hay una manualidad japonesa conocida como *hikaru dorodango*, que es el arte de tomar tierra y suavemente formar con ella una bola densa y lisa a mano, y después pulir la superficie para darle un toque de brillo. El producto final es muy bonito y decorativo, pero por dentro sigue siendo tierra. El hombre fue creado desde fuera hacia dentro. Dios se acercó, tomó un pedazo de tierra, le dio forma con sus manos y cuidadosamente esculpió la forma de un hombre. Él creó su piel, sus huesos, sus músculos y sus órganos internos. Todos comenzamos siendo tierra, pero no hemos de quedarnos de ese modo. Después de que Dios terminase con la tierra, obró en el interior soplando su propio aliento en el hombre que Él creó, dándole un alma viviente. Por eso uno no nace de nuevo en el exterior sino en el interior. ¡A Dios no le interesa lo brillante que esté su tierra! A Él le interesa la novedad de vida en el interior, porque eso transformará el exterior.

## ¿Se ve su etiqueta?

¿Ha estado alguna vez en la fila de la caja en el supermercado cuando se dio cuenta de que la persona que tenía delante llevaba puesta su camiseta al revés? Si es así, probablemente fuese yo. Uno puede ver la etiqueta; puede ver las costuras. Usted se pregunta si la persona sabe que la lleva así; se pregunta si lo hizo a propósito; se pregunta si debería decírselo.

Bien, cuando usted comienza a vivir de adentro hacia afuera espiritualmente, otros pueden divisar algunos de los mismos indicadores con respecto a su vida. Lo primero que queda a la vista es su etiqueta. Digamos que su *etiqueta* representa sus talentos y sus dones. Cuando su vida está sometida a Dios, Él hace espacio para que sus talentos y sus dones sean usados para gloria de Él. Vivir de adentro hacia afuera deja a la vista su etiqueta, y usted comienza a caminar en el destino que Dios tenía para que lo cumpliera. Puede que no sea usted una persona con diez talentos; puede que no sea una persona con cinco talentos. Pero Dios dio a cada uno al menos un talento, un don, y cuando usted vive la vida que Dios quiso para usted, Él comienza a sacar a la superficie esas cosas. Es ahí donde usted descubre el verdadero significado y propósito para su vida. No puede obtener eso de un salario elevado; solamente puede obtener eso de Dios. Cuando usted busca al Señor mediante el ayuno y la oración, se vacía de modo que Él pueda sacar las cosas que Él puso en usted para sus propósitos. Cuando se ve su etiqueta, el nombre del fabricante también se ve. Su camiseta puede que esté hecha por Old Navy, Tommy Hilfiger o Armani, ¡pero *usted* fue hecho por Dios!

¿Y qué de la talla y lo que lleva? Eso también está en la etiqueta. ¿Es usted un creyente de talla pequeña, mediana o grande? ¡Personalmente, yo quiero ser súper grande! Quiero que las personas puedan ver que lo que tengo es genuino. ¿Es usted puro al cien por ciento, o es una mezcla al setenta y cinco por ciento de diferentes fibras artificiales? Estoy bastante seguro de haber conocido a algunos cristianos de poliéster, y quizá a uno o dos cristianos de espuma de poliestireno. También conozco a algunos que son más parecidos a un veinticinco por ciento: son cristianos los domingos en la iglesia, pero solamente alaban a Dios en la iglesia. Tienen el comportamiento exterior, pero el resto de la semana viven como quieren. Cuando usted es puro al cien por ciento, está viviendo de dentro hacia fuera. Es entonces cuando David pudo decir:

Examíname, oh Dios, y conoce mi corazón;
Pruébame y conoce mis pensamientos;
Y ve si hay en mí camino de perversidad,
Y guíame en el camino eterno.
—Salmos 139:23-24

Cuando Dios lo restauró, David *quiso* sacar a la luz lo que había en el interior. Él entendió que esa era la única manera de caminar verdaderamente con Dios. Puede que el hombre quede impresionado con la demostración exterior, pero Dios ve el corazón. Él debería poder hacer brillar su foco de luz sobre su alma en cualquier momento y ver resplandecer esa etiqueta que diga "cien por ciento". Él lo hará cuando usted esté viviendo de adentro hacia afuera.

## Presión en las costuras

Regresando a la persona en el supermercado, cuando una camiseta está del revés se pueden ver las costuras. Las costuras son la parte más vulnerable de una camiseta. Si se aplica suficiente presión a las costuras, se puede ver el hilo que las recorre, uniendo una pieza de tela a la otra. Yo he visto a muchas personas derrumbarse por las "costuras" cuando había presión:

- Parece que Dios no es real.
- Parece que Dios no escucha sus oraciones.
- Parece que usted es la única persona que vive para Jesús.

Pero cuando usted vive de adentro hacia afuera, las personas pueden verle pasar por una intensa presión sin resquebrajarse. Incluso cuando se siente débil y vulnerable como todos los demás, cuando la tentación de descoserse y quedar hecho pedazos está ahí, ese fuerte hilo de fe le mantiene.

## ¿Sin agallas no hay gloria?

Dejemos a la persona y su camiseta en el supermercado y regresemos a la época del tabernáculo en el Antiguo Testamento durante unos minutos. Dios dio a Moisés instrucciones concretas sobre la construcción y el diseño del tabernáculo. Todo tenía significado y propósito en su lugar y su orden. Estaba el atrio exterior, el lugar santo y el lugar santísimo, donde habitaba la presencia de Dios. Cuando se entraba por la única puerta al atrio exterior, una de las primeras cosas que se veían era el altar de bronce, utilizado para quemar el sacrificio. Para realizar un holocausto había que llevar un cordero joven sin defecto del rebaño. El sacerdote sacrificaba al animal, lo cortaba y lo ponía todo sobre el fuego, incluso las entrañas.

Cuando Dios lo restauró, David quiso sacar a la luz lo que había en el interior. Él entendió que esa era la única manera de caminar verdaderamente con Dios.

¿Cuántos de nosotros estamos dispuestos a permitir que Dios profundice? ¿A permitirle abrirnos espiritualmente y explorar lo profundo, limpiando todo lo que no le dé gloria a Él? No

nos importa asistir a la iglesia y vernos religiosos porque eso evita que Dios o los demás vayan más allá de lo superficial: las partes sangrientas e internas donde habitan nuestras malas actitudes,
amargura, falta de perdón, enojo, adicciones y pecados ocultos.
Queremos que Dios muestre su gloria, pero nosotros no queremos mostrar nuestro "interior". No funcionará de ese modo. Es
momento de acercarse al altar. Es momento de decir: "Córtame,
Señor, y consume cualquier cosa que no sea de ti en el fuego de tu
santidad".

Los entrenadores presionan a los deportistas a profundizar,
diciendo: "Vamos, muchachos; ¡sin agallas no hay gloria!". Tienen
que profundizar para vencer a sus oponentes no solo durante el
partido sino también en el entrenamiento antes del partido. Como
cristiano, se aplica la misma regla. Cuando usted no está dispuesto
a llegar al "fondo" del asunto, Dios no está dispuesto a mostrar su
gloria. Él no mira el exterior, sino lo que hay dentro de su corazón.

Estoy cansado de servicios en los que tan solo cumplimos con
las formalidades y nos vamos igual que llegamos. Entramos bien
vestidos y arreglados, pero tenemos todo tipo de basura por debajo de la superficie. ¡Nos vemos como esas brillantes bola de tierra! Creo que si alguna vez llegamos a estar limpios por dentro y
comenzamos a vivir desde dentro hacia fuera, entonces Dios puede liberar su gloria sobre su pueblo. ¿Está usted preparado para
una purga? ¿Está preparado para la limpieza del fuego de Dios?
¿Quiere una nueva llenura de su Espíritu? Búsquele con ayuno y
oración, y pídale que examine las partes más profundas de su ser,
como hizo David.

## Simplemente *no* lo haga

A la vez que pienso en analogías de los deportes, bien puedo
tomar el eslogan de Nike de "Simplemente hazlo". En este caso,
sin embargo, tiene que ser "Simplemente *no* lo hagas". Cuando
usted hace del ayuno una parte regular de su vida, su sensibilidad al Espíritu Santo aumenta. Encuentra la misericordia y la gracia para eliminar de su vida cosas con las que ha batallado, como

murmuración, lenguaje sucio, música y entretenimiento sucios, pecados ocultos. Llega a un lugar en el que simplemente ya no lo hace porque la presencia de Dios es mucho más abundante en su vida. Es momento de recuperar su vanguardia y cortar esas cosas de raíz. Limpie las "cosas ocultas" que no están ocultas de Dios. Si es usted una persona soltera y tiene un noviazgo, mantenga su mente y sus manos donde debe. No puede gratificar la carne de forma pecaminosa y pedir a Dios que muestre su gloria en su vida. Si es usted un joven o una joven que está viviendo para Dios y está siendo presionado por sus amistades para que pierda su virginidad como todos los demás lo hacen, simplemente no lo haga. Diga a sus supuestos amigos: "Puedo ser como ustedes en cualquier momento, pero ustedes pueden intentarlo durante el resto de su vida y nunca podrán recuperar lo que yo aún tengo". La virginidad es un paquete que solo puede abrirse una vez. El pecado de fornicación, sexo fuera del matrimonio, es un pecado distinto a todos los demás pecados. Su cuerpo es sagrado. Como escribió Pablo: "¿O ignoráis que vuestro cuerpo es templo del Espíritu Santo, el cual está en vosotros, el cual tenéis de Dios, y que no sois vuestros? Porque habéis sido comprados por precio; glorificad, pues, a Dios en vuestro cuerpo y en vuestro espíritu, los cuales son de Dios" (1 Corintios 6:19-20).

Su cuerpo es propiedad privada de Dios. Si usted me mira a los ojos y me dice que me quiere y me respeta, pero después entra en mi auto y estropea la pintura, ¡usted no está respetando mi propiedad! Eso envía el mensaje de que tampoco me respeta verdaderamente a mí. Lo mismo se aplica a su cuerpo o el cuerpo de otra persona. Yo quiero ser un aroma agradable a Dios. En el Antiguo Testamento, el aroma de esas entrañas sangrientas quemadas sobre el altar de bronce era una fragancia agradable a Dios. Se estaba expiando el pecado, y Él podía derramar su gloria en el campamento.

Una vez yo estaba predicando sobre estas cosas en Free Chapel y decidí utilizar ejemplos visuales para hacer entender el punto. Hice que uno de mis ayudantes consiguiera una botella marrón de cerveza vacía, la lavase cuidadosamente y la llenase de agua fría, que yo normalmente bebo cuando predico. Mientras predicaba, agarré esa botella marrón de cerveza para darme un trago; las diferentes expresiones de asombro en la congregación valieron la pena. Finalmente expliqué lo que estaba haciendo para comunicar un punto. Muchas personas afirman que lo único que importa es quién sea uno por dentro. Bien, lo único que importaba era que había agua clara en el interior de aquella botella, pero yo podría haber hecho tropezar a alguien si no hubiera explicado el aspecto exterior de la botella de cerveza. Yo nunca quiero que "se hable mal de mi bien".[1] Estoy convencido de que cuando Jesús está llenándole verdaderamente en el interior, eso afecta también al exterior. No deberíamos ir por ahí con el mismo aspecto y los mismos actos del mundo; es decir, sin Jesús, esperando que alguien note que Él habita en nosotros. Si Jesús está genuinamente en el interior, Él se reflejará en el exterior. ¡Ya es hora de vivir de dentro hacia fuera!

## Al revés de adentro hacia afuera

En Hechos 17, los griegos buscaban frenéticamente a Pablo y Silas para hacerles daño y expulsarlos de la ciudad. Cuando no pudieron encontrarlos, tomaron a un hombre llamado Jasón, con el que se habían quedado Pablo y Silas, y le acusaron de haber hecho mal, diciendo: "Estos que trastornan el mundo entero también han venido acá" (v. 6). Nunca trastornaremos el mundo hasta que el Cuerpo de Cristo viva coherentemente de dentro hacia fuera. No me impresiona cuántas personas griten, lo espirituales que se vean, o el tamaño de su Biblia. Quiero saber lo que hay en el interior, pues eso es usted realmente. Es como el iceberg que hundió al *Titanic*. Solo un 20 por ciento de un iceberg es la parte que se puede ver por encima del agua. Aproximadamente el 80 por ciento de un iceberg permanece oculto bajo el agua. Lo que está oculto en su vida privada le importa a Dios. Su carácter, la persona que usted es cuando nadie le ve, le importa a Dios. Su integridad y su pureza le importan a Dios. ¿Quién es usted en el interior?

Cuanto más tiempo sirvo al Señor y más hago lo que Él me ha llamado a hacer, más necesito un "chequeo de entrañas". El ayuno es mi chequeo de entrañas. Quiero ser abierto como David y mirar en el interior a los motivos que hay en mi vida. Quiero preguntarme: "¿Estoy haciéndolo por vanagloria? ¿Estoy haciéndolo porque soy una persona ambiciosa?". Pablo habló realmente de no dar en el blanco, de correr solo para descubrir que había perdido la carrera.

¿No sabéis que los que corren en el estadio, todos a la verdad corren, pero uno solo se lleva el premio? Corred de tal manera que lo obtengáis. Todo aquel que lucha, de todo se abstiene; ellos, a la verdad, para recibir una corona corruptible, pero nosotros, una incorruptible. Así que, yo de esta manera corro, no como a la ventura; de esta manera peleo, no como quien golpea el aire, sino que golpeo mi cuerpo, y lo pongo en servidumbre, no sea que habiendo sido heraldo para otros, yo mismo venga a ser eliminado.

—1 Corintios 9:24-27

Por eso yo me hago un chequeo regularmente al ayunar regularmente. ¡El ayuno es humillante para uno mismo! El ayuno le lleva a ese punto en que dice: "Señor, crea en mí un corazón limpio. Quiero darte gloria. Quiero ser un canal que tú puedas usar". Yo no quiero ser solo un predicador que se levanta y presenta un aspecto brillante. Quiero algo en mi interior que conecte con la gente. No quiero hablar a cabezas y agradar los oídos. Quiero hablar la penetrante Palabra de Dios a corazones que necesitan más de Jesús.

## Fuera del lugar secreto

Hay dos lugares donde Jesús le dice a la Iglesia que vaya: a los perdidos,[2] y a su lugar secreto a orar.[3] ¡El problema es que en alto grado la Iglesia ha entrado en el lugar secreto y nunca ha salido! Usted no puede correr una carrera en su lugar secreto; no puede alcanzar a los perdidos en su lugar secreto. La palabra *iglesia* en griego es *ekklesía*, que significa "los llamados". ¡Somos llamados a salir del lugar secreto! El Espíritu Santo no llega para separarle del mundo; llega para aislarle del mundo. Hay una diferencia entre ser separado y ser aislado. Noé aisló el arca; aplicó una espesa capa de brea sobre la madera para sellarla y hacerla resistente al agua. La Biblia dice que usted ha sido cubierto por la sangre de Cristo y sellado con el Espíritu Santo.[4]

Necesitamos vivir de dentro hacia fuera como individuos y como pueblo de Dios. Necesitamos ayunar y orar hasta que obtengamos una verdadera carga por las almas. Hay personas con las que usted tiene contacto cada día y que en este momento irán al infierno y pasarán allí la eternidad si alguien no tiene una carga por verlas salvadas. La gente me pregunta con respecto a qué ayuno y oro. A veces oro para tener una mayor carga por las almas. Tener una carga por algo afecta a su modo de vivir; le obliga a salir de su zona de comodidad. Cuando usted tiene una carga en el interior, se muestra en el exterior.

Las iglesias tienden a tener una mentalidad de Pizza Hut. En cierto período, Pizza Hut era la pizzería número uno, pero había que ir allí a recoger la pizza, porque no la llevaban a domicilio. Creían que su producto era superior y que la gente acudiría si lo quería. Entonces fueron derribados de su lugar por pizzerías de menor calidad que *solo* hacían reparto a domicilio. La competencia entendió que había que llevar la pizza donde la gente está localizada.

Jesús dijo que seríamos "pescadores de hombres". Qué ridículo sería si un hombre fuese hasta el medio de un lago con una nueva barca y un cartel que dijese: "Los peces son bienvenidos". Esos peces no van a saltar hasta la bonita barca por sí mismos solo porque el pescador esté allí sentado sujetando un cartel. ¿Por qué entonces las iglesias actuales parecen pensar que el evangelismo es una opción, que sencillamente podemos construir el edificio y crear el programa "y ellos llegarán", como en la película *Campo de sueños*? Eso no es lo que Jesús tenía en mente.

Sí necesitamos tiempo para estar a solas con Dios en nuestro "lugar secreto". Necesitamos apartar tiempo para orar y ayunar para afilarnos y recuperar la vanguardia. ¡Pero después tenemos que salir MOVIÉNDONOS! Cuando usted tiene una carga en el interior, cambia su modo de vivir en el exterior. Comienza a pensar en el hecho de que dentro de cien años, todas las personas que usted conoce estarán en el cielo o el infierno. Cuando tiene una carga, usted no se mueve de modo casual. Es como si hubiera algo impulsándole a ser testigo de Él, a ser una luz. Dios no le salvó solo para que pudiera asistir a la iglesia un día por semana y cantar y gritar con otros santos, y después volver a poner su fe en el lugar secreto. Él nos equipa y nos capacita para que salgamos al mundo y vivamos de dentro hacia fuera.

Como hijo de Dios, es usted como una de esas varitas luminosas. Tiene usted algo potente en el interior, una luz para quienes están atrapados en oscuridad. Pero una varita luminosa no arrojará nada de esa luz si no se manipula, tiene que ser doblado y roto para que la luz se active. Dios lo está doblando y quebrantando, pero en ese movimiento y quebrantamiento es donde usted comienza a salir del lugar secreto. Y cuando lo hace, la gente puede ver su sufrimiento y sus lágrimas; ven a su verdadero yo atravesando las mismas dificultades que ellos afrontan, solo que con resultados diferentes. Al ser usted doblado y quebrantado comparte la luz del mundo. Ellos ven a Jesús en su dolor; ven a Jesús en su quebrantamiento. Sienten a Jesús en su compasión y en su falta de egoísmo.

## Capítulo 11

# Transformación total

¿Qué tiene que ver el ayuno con una transformación? Todo. Dios le dijo a Samuel: "el hombre mira lo que está delante de sus ojos, pero Jehová mira el corazón" (1 Samuel 16:7). A Dios no le interesa cómo parezcan estar las cosas en el exterior si seguimos estando vacíos de su presencia en el interior. El ayuno elimina toda la basura. El ayuno abre la puerta para que el Espíritu Santo entre y opere esas áreas débiles y secas de su vida espiritual, sustituyéndolas por vida y poder.

La sociedad nos presiona para que logremos su imagen "ideal" de belleza, la cual ha dado lugar a lo largo de los años a diferentes programas de televisión de «reality» pensados para cambiar a los denominados patitos feos del mundo en "cisnes". Programas como *The Biggest Loser* y *Extreme Makeover: Weight Loss Edition* hacen la crónica de vidas de individuos muy obesos a medida que trabajan para perder casi la mitad de su peso corporal. En el programa de la TLC, *What Not to Wear*, el presentador "ayuda a personas desaliñadas dándoles transformaciones totales de moda y consejos de moda".[1] Un programa que duró poco tiempo titulado *The Swan* llegó al extremo, tomando a personas que creían que eran desesperadamente feas y transformándolas por completo con entrenadores, terapeutas, intensas operaciones dentales y operaciones de cirugía estética. El campo de la cirugía estética sigue creciendo a medida que la demanda de tratamientos de cirugía y de no cirugía sigue aumentando. Estiramientos faciales, abdominoplastia, liposucción…es sorprendente lo que los médicos pueden cortar y después estirar, coser o inyectar en otro lugar a fin de darnos el aspecto de "última moda". Para personas que han sufrido graves heridas debido al cáncer o una enfermedad que les desfiguró, la cirugía reconstructiva es una gran bendición para su autoestima. Pero lo cierto es que todos nosotros nos hemos mirado en el espejo en alguna ocasión y hemos pensado en silencio en algo que nos gustaría cambiar de nuestro aspecto exterior. Suena parecido a: "Me gustaría poder hacer algo con mi nariz… mis ojos tienen bolsas… mis arrugas están aumentando… me gustaría poder quitar parte de aquí y ponerlo allá… o mover parte de esto más abajo… si solo pudiera levantar esto… me sentiría mucho mejor".

Con todo el enfoque en mejorar el aspecto exterior para cumplir con el estándar siempre cambiante del mundo, creo que estamos pasando por alto algo. Estamos pasando por alto los sencillos objetivos del corazón de Dios. Como escribió David en el Salmo 149: "Porque Jehová tiene contentamiento en su pueblo; hermoseará a los humildes con la salvación" (v. 4). Eso es lo que el ayuno tiene que ver con las transformaciones.

Lo que deseamos hacer en el exterior refleja lo que sucede en el corazón. Cuando no sentimos que estamos a la altura en nuestro aspecto, eso mina nuestra confianza. Uno de los temas intercalados en estas páginas se encuentra en el libro de Hebreos: "No perdáis, pues, vuestra confianza, que tiene grande galardón; porque os es necesaria la paciencia, para que habiendo hecho la voluntad de Dios, obtengáis la promesa" (Hebreos 10:35-36). No hay nada que le gustaría más a Satanás que hacernos abandonar la carrera robando nuestra confianza.

Desde la caída del hombre en el huerto de Edén, la humanidad ha tenido necesidad de una transformación. No había preocupaciones antes de que el pecado entrase en el corazón del hombre. Adán y Eva estaban desnudos el uno delante del otro y delante de Dios, sin ninguna preocupación con respecto a su aspecto. Lo primero que hicieron después de que el pecado entrase en escena fue intentar cubrir su desnudez con hojas. El pecado tiene su manera de hacer que nos sintamos *feos*. El pecado nos roba nuestra confianza y destruye nuestra autoestima. El pecado, sin importar lo pequeño que parezca, encontrará una manera de hacer que se aborrezca a usted mismo finalmente. Cuando está usted atado, es adicto y vive en pecado, añade el peso de la culpabilidad a su aspecto. Cuando no le gusta quién es usted, solo ve las partes negativas de su vida. Dios ve quién es usted y quién ha planeado Él que llegue a ser.

## El cirujano jefe

¿Cómo es que corremos a un médico y le mostramos todas nuestras partes "indecorosas", esperando un milagro, pero dudamos en acudir a Dios el Creador, el cirujano jefe, para mostrarle las partes débiles y resecas de nuestro espíritu? Un típico cirujano plástico tiene un álbum de sus historias de éxito, normalmente incluyendo fotografías del "antes y el después". Puede usted ver un libro o una pantalla de computadora y pedir la nariz de esa "persona famosa", las mejillas de otro, la barbilla de otra persona, ¡sus orejas, su delantera o su espalda! Bien, Dios también tiene un libro. Él puede capacitarle para vencer cualquier adicción, sea drogas, alcohol, homosexualidad, adicciones sexuales, pornografía, comer en exceso, etc. Él puede librarle de las ataduras del pecado y de la muerte y darle vida eterna. Él puede tomar su frío corazón de piedra y darle un corazón de carne. Él puede poner su Palabra y sus caminos en su corazón de modo que usted camine según el Espíritu y no satisfaga los deseos de la carne. ¿Quiénes son algunos de sus clientes?

El pecado tiene su manera de hacer que nos sintamos feos. El pecado nos roba nuestra confianza y destruye nuestra autoestima.

¿Qué le parece Jacob, que era conocido como un engañador? Él era un estafador; su nombre significa "gusano". Cuando Dios terminó con él, Jacob pasó de ser un gusano a ser un príncipe. Dios le transformó de tal manera que llegó a ser un patriarca de los santos. ¿Recuerda a la mujer samaritana en el pozo de la que hablamos anteriormente? Jesús ayudó a que se quitase la máscara tras la que había vivido, fingiendo ser algo que ella no era. Jesús le hizo "un estiramiento facial" y llegó hasta el núcleo de quien ella había sido creada: una mujer que adorase a Dios libremente en espíritu y en verdad. Servimos a un Dios que puede hacer cirugía reconstructiva en toda su vida: ¡pasado, presente y futuro!

Un día de reposo, Jesús encontró a un hombre que tenía necesidad de una transformación extrema en la sinagoga. Los fariseos preguntaron a Jesús si era legítimo sanar el día de reposo, intentando atraparle. Jesús respondió su pregunta con otra pregunta:

> ¿Qué hombre habrá de vosotros, que tenga una oveja, y si ésta cayere en un hoyo en día de reposo, no le eche mano, y la levante? Pues ¿cuánto más vale un hombre que una oveja? Por consiguiente, es lícito hacer el bien en los días de reposo. Entonces dijo a aquel hombre: Extiende tu mano. Y él la extendió, y le fue restaurada sana como la otra.
> —Mateo 12:11-13

Él tenía una mano seca, pero eso afectaba toda su perspectiva de la vida. Aquella mano probablemente limitaba su trabajo y, por tanto, su lugar en la sociedad. Es razonable suponer que la confianza de aquel hombre había desaparecido y su autoimagen era muy baja debido a su limitación física. Los fariseos estaban contentos con dejarle en ese estado a fin de establecer su punto. Ellos estaban más interesados en *tener razón* de lo que estaban en *hacer* lo correcto.

Cuando Jesús habló al hombre, notemos que no le dijo: "Extiende tu mano seca". Él no se enfocó en las limitaciones del hombre sino en sus posibilidades. Jesús dijo: "Extiende tu mano". ¡La mayoría de nosotros hubiéramos extendido nuestra mano buena! No queremos presentar las partes secas de nuestra vida. Queremos ocultar nuestras debilidades, precisamente las cosas que Dios quiere tocar. No es así como Jesús se acerca a nosotros. Él ve; Él conoce; Él ofrece una "transformación extrema" cuando estamos dispuestos a mostrarle nuestras debilidades, las partes secas de nuestra vida que no queremos que nadie más vea.

El programa *Extreme Makeover: Home Edition* hace que personas envíen solicitudes en video para pedir una transformación en su residencia actual. Las historias que se presentan en el programa verdaderamente tocan la fibra sensible. Muchos tienen desventajas concretas o son familias que acogen a muchos niños huérfanos o sirven a su comunidad de manera increíble. En el proceso de solicitud, tienen que grabar en video las limitaciones de sus casas. Tienen que mostrar los agujeros del tejado; tienen que dejar ver dónde se están agrietando los cimientos, dónde no funcionan las tuberías, por dónde corren los roedores, dónde duermen todos sus hijos en un solo colchón sobre el piso y dónde la casa sencillamente se está derrumbando a su alrededor.

### Llegar a la raíz, ¡rápido!

Lo que me preocupa es el número de cristianos que pondrían fe en el proceso de solicitar una transformación de su casa o incluso una transformación física, pero seguirán sin tomar tiempo para ayunar y orar, sacando a la luz las limitaciones, debilidades y áreas secas de su vida delante del Señor para que Él realice su transformación. El hombre en la sinagoga tomó la decisión correcta. No fingió que todo estaba bien delante de la multitud religiosa. Él estiró el área que necesitaba que Dios tocase. Cuando lo hizo, Jesús le aplicó una transformación extrema, sanándole al instante.

No dude nunca en mostrar a Dios su problema. Cuando declara un ayuno, está diciendo en efecto: "Jesús, voy a mostrarte las partes secas de mi vida. Voy a mostrarte las áreas problemáticas de mi matrimonio, de mis relaciones y de mi familia. Voy a mostrarte mis heridas, mis áreas dañadas que aún no han sanado; y voy a confiar en que tú llegues a la raíz de las cosas y lleves sanidad a esas áreas. ¡Señor, necesito una transformación extrema!".

Un beneficio añadido del ayuno comienza cuando usted ha terminado de mostrar a Dios lo que sabe que son sus áreas problemáticas. Entonces Él se hace cargo. Cuando usted comienza a ayunar, el Espíritu Santo tiene acceso a sacar todo lo feo que haya en su vida y que necesite atención. Si tiene usted mal genio, saldrá a la superficie en un ayuno; si tiene falta de perdón, saldrá al exterior. Quizás haya cosas que puede que ni siquiera sepa que le estaban afectando en su caminar con Dios que saldrán a la superficie. Su tarea es confiar en que Dios *saque* todo eso.

El hombre de Gadara no se ocultó de Jesús. Anteriormente ciudadano de aquella ciudad, de algún modo había sido poseído por demonios y vivía en los sepulcros. Antes era un hombre normal y corriente que tendría un trabajo normal, pero había comenzado a ir por ahí sin ropa, cortándose con afiladas piedras. Le habían puesto bajo guardia y le habían atado con cadenas, pero él se liberaba como si fuese un hombre salvaje. Nadie podía acercarse a él, ni lo hacía. Nadie excepto Jesús, claro. Independientemente de lo que usted crea que es demasiado desagradable para que Jesús lo vea, Él ya lo conoce y puede ayudar. Aquel hombre atormentado y peligroso estaba profundamente marcado. Cualquier cosa que le posea le marcará. Si está usted poseído por el mundo, el mundo le marcará. Pero Jesús le cambiará. Él echó fuera del hombre a los demonios; restauró la mente del hombre, y me imagino que los discípulos le ayudaron a encontrar algunas ropas que ponerse. Cuando la gente de la ciudad acudió a ver lo que había sucedido, se asustaron por la completa y total transformación del hombre. Había pasado de ser una bestia salvaje a ser un hombre cuerdo, sanado, vestido y en sus cabales. Jesús le envió a contar a todos su testimonio de la transformación extrema de Dios.[2]

Su transformación fue tan radical que la gente de la ciudad apenas si podía creer que fuese el mismo hombre. Eso me recuerda a cuando la plantilla de un programa de entrevistas en Nueva York agarraba a algún turista desprevenido de la calle y lo transformaba por completo. Ellos buscan intencionadamente a personas que sean un total desastre, con cabello despeinado, ropa pasada de moda y una expresión de agotamiento. Los llevan detrás de las cámaras, y expertos comienzan a peinarles, aplicarles maquillaje y ponerles ropa nueva. Unas horas después su "víctima" emerge y la audiencia no puede creer que sea la misma persona. Incluso más sorprendidos se quedan la familia de la persona y su cónyuge.

Por dramático que sea todo eso, ¡ni se compara remotamente a lo que Jesús hace en su vida! Y la obra de Él es continua. Pablo dijo: "De modo que si alguno está en Cristo, nueva criatura es; las cosas viejas pasaron; he aquí todas son hechas nuevas" (2 Corintios 5:17). El hombre de Gadara tenía marcas de todo lo que el diablo había hecho para destruir su vida. La buena noticia es que Jesús usa a personas con marcas. Jesús usa a personas que tienen un "pasado". Cuando usted le lleve a Él sus marcas y sus problemas, Él le transformará por completo, dándole belleza en lugar de cenizas, fuerza en lugar de marcas, y su gracia para cubrir su debilidad.

Cuando Él comienza a transformar su vida, es momento de limpiar el armario y librarse de esa ropa espiritual desaliñada. Al igual que las personas que siguen poniéndose "ropa" décadas después de que esa moda haya pasado, algunos cristianos siguen adornándose con ropa espiritual pasada de moda. Las personas se despiertan, se acercan al armario y comienzan a ponerse capas de aquello con lo que se sienten cómodas. La mayoría de las veces comienza con una capa de dolor y rechazo del pasado. Está bien cortada y combina con todo, intercalada con hilos de dolor de familiares, amigos, personas en el trabajo: de todos. ¿Y qué combina mejor con el dolor y el rechazo que una estilosa capa de culpabilidad de su pasado? Es un poco pesada, pero funciona prácticamente en todas las estaciones. Y nada completa mejor todo el traje que un toque de indignidad, temor, depresión y preocupación. Esas cosas no encajan cuando es usted una nueva creación en Cristo. Necesita ponerse una capa de agradecimiento y gozo en el Señor; necesita el manto de alabanza en lugar del espíritu angustiado.[3] ¿Y algo de gracia en su armario espiritual para cubrirle cada día, dondequiera que usted vaya? ¡Cubre muchas imperfecciones!

> Cuando usted le lleve a Él sus marcas y sus problemas, Él le transformará por completo, dándole belleza en lugar de cenizas, fuerza en lugar de marcas, y su gracia para cubrir su debilidad.

Eso es lo que el hijo pródigo encontró cuando regresó a su casa: gracia. Él regresó arrastrándose, sin esperar otra cosa que ser un sirviente en la casa de su padre. Sus actos del pasado le aseguraban que no se merecía ser considerado otra vez un hijo; estaba cubierto de suciedad y deshonra, de vergüenza y culpabilidad. Pero su padre le había estado esperando, Jesús dijo: "Y cuando aún estaba lejos, lo vio su padre, y fue movido a misericordia, y corrió, y se echó sobre su cuello, y le besó" (Lucas 15:20). El padre entonces hizo que sus sirvientes sacasen la mejor ropa, zapatos para sus pies y un anillo para poner en su mano que indicaba su estatus de familia.[4] Cuando usted es hijo del Rey, Él espera que vista como le pertenece a Él. Recuerde: ¡El Señor se agrada de usted!

## Catálogo de la fe

¿Y si pudiera elegir un nivel más elevado de fe de igual manera que elegiría una nueva nariz o una nueva barbilla en la consulta de un cirujano plástico? Podría usted señalar a la fe de Josué, quien guió al pueblo de Israel a la Tierra Prometida, que vio caer los muros de Jericó según la instrucción de Dios, e incluso ordenó al sol que se detuviese para poder terminar una batalla un día.[5] Podría señalar a la unción de Pedro para sanar enfermos sin otra cosa que el paso de su sombra y decir: "Señor, deseo una unción como esa". O podría usted elegir el *paquete definitivo* y decir: "Quiero ser como Jesús".

Quiero que entienda que *debería* usted desear una mayor fe y una mayor unción. Pablo dijo que deberíamos desear los dones mejores (véase 1 Corintios 12:31). Hay una sola cosa a tener en mente: No hay atajos. ¡No llegará usted ahí con un filo desafilado! Necesita la vanguardia que el ayuno le proporciona. Las personas en la Palabra de Dios que fueron elogiadas por tener una gran fe se habían comprometido a un estándar elevado. No eran personas que calentaban bancos o, en este caso, que calentaban bancos en la iglesia.

El ayuno no es un requisito, es una elección. Es un voto que usted escoge hacer para buscar a Dios a un nivel más profundo. Todo el tiempo que realice un ayuno está usted reconociendo a Dios. Cuando se siente con hambre, vacío y débil, conecta con Dios sin toda la confusión. De ese modo, el ayuno es un voto de tiempo y es también un voto de disciplina. El ayuno, especialmente un ayuno prolongado, fortalece su carácter en cada área de su vida. Mantenerse disciplinado durante un ayuno prolongado le fortalece en otras áreas en las cuales pueda haberse vuelto relajado o cómodo, ¡e incluso desaliñado! Un ayuno prolongado fortalece su voluntad; fortalece su hombre interior. Al igual que afilar su hacha para el trabajo o la batalla de la vida, le ayuda a vivir en pureza y santidad delante de Dios. El ayuno le ayuda a disciplinar su cuerpo para glorificar a Dios.

El ayuno le permite poner su vida sobre la mesa del cirujano jefe para que Él elimine las cosas negativas y destructivas. Él puede sustituirlas por características sanas, hermosas y transformadoras. Usted no se levantará de la camilla de un cirujano plástico en medio de la operación gritando: "Me voy. ¡Me quedaré con media nariz y dejaré colgando la otra media!". De igual manera, nunca querrá interrumpir un ayuno y abandonar antes de que Dios, el Cirujano, haya terminado. Un beneficio adicional de un ayuno prolongado es que le da tiempo a Dios para desarraigar el pecado de su vida y sacarlo a la superficie para que usted pueda ser verdaderamente libre.

## Apartarse

Cuanto más sanaba Jesús, más multitudes le seguían. Lucas registró: "Pero su fama se extendía más y más; y se reunía mucha gente para oírle, y para que les sanase de sus enfermedades. Mas él se apartaba a lugares desiertos, y oraba" (Lucas 5:15-16). Jesús sabía lo importante que era "apartarse" y estar con Dios en oración. Cuando usted ayuna, es un período de alejamiento, de apartarse de la rutina de la vida, de la ocupación, del entretenimiento, y meterse profundamente en la Palabra de Dios. Cuando usted está vacío, tranquilo y quebrantado delante de Él, puede oír su voz con mayor claridad. Una noche estaba yo en un programa de televisión con el pastor Larry Stockstill. Él estaba realizando un ayuno total en ese momento, y habló de su "tráiler de ayuno". Él tiene un sencillo tráiler en el campo donde puede apartarse durante un día o dos y ayunar. No tiene televisión, ni radio, ni Internet. A él le encanta ir a ese tráiler tan solo para alejarse y estar a solas con Jesús durante un tiempo.

Jesús le invita a apartarse y ser persistente. Otro valor de un ayuno prolongado es la persistencia que representa. Jesús relató algunas historias sobre personas persistentes y cómo solo su persistencia les hizo obtener lo que deseaban. "Les refirió Jesús una parábola sobre la necesidad de orar siempre, y no desmayar" (Lucas 18:1). Una historia habla de un hombre que despierta a su vecino para pedirle pan. Llamó y llamó a su puerta hasta que el vecino finalmente le dio el pan para hacer que se fuese.[6] Relató otra historia de una viuda persistente que demandaba justicia en una situación legal.[7] Jesús también se encontró con una mujer gentil que persistentemente le pidió que sanase a su hija. Ella no iba a aceptar un no como respuesta. Él elogió la fe de la mujer y su hija fue sanada.[8] El ayuno es oración persistente. Siga pidiendo, siga buscando, ¡siga llamando!

## Derribarlo para edificarlo

En el programa de televisión *Extreme Makeover: Home Edition*, una vez que el equipo del programa ha inspeccionado la casa y ha evaluado lo mala que parece la situación, pasan al siguiente paso: la demolición.

Uno de los puntos destacados de cada programa es enviar a la familia una grabación en directo de su casa siendo totalmente derribada mientras ellos están fuera en unas vacaciones fantásticas. El ayuno tiene su manera de hacer eso en su vida espiritual. El ayuno le da al Espíritu Santo una maza y una excavadora para entrar y derribar las paredes rotas, los cimientos resquebrajados, el tejado que tiene goteras, y comenzar de nuevo con un cimiento firme. Es un proceso llamado quebrantamiento.

Alguien dijo una vez: "Si sus ojos están siempre secos, significa que su alma está seca". El quebrantamiento genuino a menudo va acompañado por llanto. Incluso durante un ayuno de seis días por su familia, mi hermana experimentó un llanto que duró un día o dos después del final del ayuno. Fue una expresión externa de una obra profunda e íntima del Espíritu Santo. Entiendo que algunas personas se sienten muy incómodas con la liberación emocional. ¡Pero considérelo parte de la transformación! El llanto es un efecto secundario natural del verdadero ayuno. Con frecuencia es la evidencia de que Dios le está quebrantando para poder reedificarlo. Si siente su presencia obrando en usted y comienzan a llegar las lágrimas, deje que fluyan porque las lágrimas son poderosas. Las lágrimas limpian; las lágrimas para el Señor son una forma de adoración. Y hay algo en el llanto y el ayuno que capta la atención de Dios. Dios dijo mediante el profeta Joel: "Por eso pues, ahora, dice Jehová, convertíos a mí con todo vuestro corazón, con ayuno y lloro y lamento. Rasgad vuestro corazón, y no vuestros vestidos, y convertíos a Jehová vuestro Dios; porque misericordioso es y clemente, tardo para la ira y grande en misericordia, y que se duele del castigo" (Joel 2:12-13).

## Transformación total

Un jugador retirado de los Atlanta Braves recientemente dio su testimonio un domingo. Había estado en las primeras ligas durante unos catorce años cuando se retiró, pero había estado enganchado a mascar tabaco durante veintitrés años. Quería dejarlo y lo había intentado muchas veces. Estaba involucrado en su iglesia y tenía pasión por el ministerio con jóvenes, pero no sentía que podía ser usado plenamente debido al poder que la adicción tenía sobre su vida. Su esposa le alentó a unirse a nuestro ayuno anual de veintiún días en enero. Él nunca antes había ayunado y fue lo bastante sincero para admitir que realmente no quería comenzar. Pero intentó probarlo de todos modos.

El tercer día del ayuno se detuvo a poner gasolina y compró cinco latas de tabaco. Cuando salía de la tienda, sintió como si hubiera oído a Dios hablar a su corazón por primera vez en su vida. Las palabras fueron sencillas y concretas: "Tíralo, y nunca volverás a quererlo". Siguió caminando, se metió en su auto y se incorporó a la autopista. Mientras conducía, comenzó a hablar con Dios. Le dijo: "Dios, he probado esto muchas veces, y sencillamente no funciona". Había recorrido más de una milla (más de un km) cuando Dios volvió a hablarle: "Tíralo, y nunca volverás a quererlo". No había modo de malinterpretar la puerta de oportunidad que el Espíritu Santo estaba abriendo para él. Llegó a su casa e inmediatamente tiró las cinco latas cerradas de tabaco al cubo de la basura. Desde aquel momento en adelante, fiel a las palabras de Dios, *¡él nunca ha vuelto a quererlo!*

A veces lo que evita que Dios haga su obra en nuestras vidas es sencillamente lo que está entre nuestros oídos. Al igual que hacemos con nuestros viejos guardarropas, tendemos a aferrarnos a viejas maneras de pensar, viejos patrones, viejos fracasos. El enemigo había convencido a ese jugador retirado de que él nunca sería libre de mascar tabaco, que era demasiado débil para vencerlo en su propia capacidad. Cuando dejamos de intentar hacer cosas en nuestra propia capacidad y en cambio escogemos humillarnos delante de Dios y confiar en que Él transforme nuestras debilidades, ¡las mentiras del enemigo pierden su poder! Como dijo el apóstol Pablo:

> Así que, hermanos, os ruego por las misericordias de Dios, que presentéis vuestros cuerpos en sacrificio vivo, santo, agradable a Dios, que es vuestro culto racional. No os conforméis a este siglo, sino transformaos por medio de la renovación de vuestro entendimiento, para que comprobéis cuál sea la buena voluntad de Dios, agradable y perfecta.
>
> —Romanos 12:1-2

Tuve la bendición de tener la oportunidad de conocer a Elmer Towns, quien ayudó a establecer la Universidad Liberty hace varios años con el Dr. Jerry Falwell. La Universidad Liberty se ha convertido en la universidad privada y sin ánimo de lucro más grande de este país. Pero en los primeros tiempos hubo momentos en que, sin ayuno y oración, puede que no lo hubiesen logrado. El modo en que el Dr. Falwell llamaba a la escuela a períodos de ayuno y oración cuando hacían frente a una seria necesidad inspiró a Towns, especialmente cuando veía a Dios cubrir esas necesidades. Él había leído sobre el ayuno en la Palabra de Dios, pero no había hecho de ello una práctica hasta que experimentó la fiel provisión de Dios para esa escuela. Cuando él y su esposa se reubicaron de Chicago a Virginia, se enfrentaron a dos pagos de hipotecas porque su casa de Chicago no se había vendido. El mercado estaba a la baja, y las posibilidades eran escasas. En su libro, *Guía básica para el ayuno,* Towns comparte la historia de cómo el ayuno afectó a la venta de su casa:

> Le pedí a mi esposa que ayunase y orase conmigo el día quince del mes, porque esa era la fecha prevista del pago en Chicago. Ayunamos y oramos ese mes, pero la casa no se vendió. Me olvidé del ayuno hasta el día quince del mes siguiente, pero tampoco se vendió.

Después de ayunar y orar el tercer mes, el agente inmobiliario llamó para decir que finalmente había algo. En un mercado inmobiliario a la baja, solo una persona había visto mi casa, pero había regresado para comprobar detalles. Finalmente cerramos la venta casi un año después de nuestro primer ayuno. Cuando cerramos, el comprador me dijo que comenzó a mirar mi casa el día del cumpleaños de su esposa: el día después de que Ruth y yo hubiéramos ayunado por primera vez. Aprendí dos cosas de aquella experiencia: en primer lugar, el ayuno lleva la oración a un nivel más elevado de cumplimiento, y en segundo lugar, no abandonar demasiado pronto.[9]

Tomó tiempo, pero ellos no abandonaron. Siguieron confiando en Dios para recibir su provisión y esa experiencia ayudó a transformar su entendimiento del ayuno. Dios honró el poder de la persistencia en ayuno y oración.

Ahora… ¡es momento de su transformación total!

# Capítulo 12

## La opción de abandonar

Una cosa que les digo a las personas que están en medio de severas pruebas es: nunca *jamás* se permita a usted mismo tomar decisiones permanentes basándose en circunstancias temporales. ¿Ha tenido alguna vez ganas de abandonar y sencillamente tirar la toalla? Quizá se haya cansado de todas las batallas y luchas. Pensó que vivir para Jesús significaría que la vida estaría llena de rosas y arco iris, pero los continuados desengaños han hecho que su esperanza se desvanezca. Entiendo eso. Lo más importante es el hecho de que Jesús también lo entiende. No olvide que Él fue tentado a tomar atajos y abandonar cuando estaba ayunando en el desierto durante cuarenta días. En el huerto orando, Jesús pudo haber dicho sencillamente: "Es demasiado, Padre. Sé que es tu voluntad, pero es demasiado". En su arresto, Jesús dijo que podría haber llamado a doce legiones de ángeles para defenderle.[1] Sin embargo, siguió adelante; no abandonó. Lo primero que al enemigo le gustaría que hiciéramos es abandonar. Puede ser abandonar su matrimonio, abandonar su sueño, o incluso abandonar su caminar con el Señor. Usted podría decidir dejar de batallar con su carne, dejar su batalla con una adicción o algún otro pecado, y sencillamente ceder a la tentación.

Cuando piensa en abandonar, entonces comienza a hablar de abandonar. Cuando habla de abandonar, puede estar seguro de que, al final, abandonará. ¡Estoy aquí para decirle que no tiene que abandonar! Usted *puede* encontrar un lugar de fortaleza en el Señor, al igual que Elías y todos los demás hombres y mujeres a los que Dios ha usado para su gloria. Como dice Hebreos 10:39: "Pero nosotros no somos de los que retroceden para perdición, sino de los que tienen fe para preservación del alma". Por eso creo tan fuertemente en el poder del ayuno como disciplina regular en la vida de todo creyente. El ayuno le da la oportunidad de alejarse del bombardeo de las dificultades y los desengaños de la vida a fin de oír con más claridad de parte del Señor. Cuando ayuna, es mucho más fácil para usted obtener la perspectiva de Dios sobre sus circunstancias y encontrar el camino del Él a través de la tormenta. Él quiere fortalecer su mente, su corazón y su espíritu. La Biblia nos enseña que fijemos nuestra mente en las cosas de arriba por una razón.[2] Lo que usted piensa es de lo que hablará. Cuando habla fe, capacita la fe. Cuando habla duda, capacita la duda. Cuando fija su mente en las cosas de arriba, fija su mente en Cristo y en su ejemplo. Y Jesús nunca abandona. Quiero darle algunas poderosas perspectivas sobre "eliminar la opción de abandonar", porque cuando usted fija verdaderamente su mente en una meta, abandonar ya no es una opción.

## Entrenamiento de "Cuerpos Especiales"

Cuando comencé a leer el libro *Lone Survivor*, escrito por el miembro de los Navy SEALS (Cuerpos Especiales de la Marina), Marcus Luttrell, no podía dejar de leer.[3] El Señor usó ese libro para prender en mi espíritu un nuevo compromiso a *no abandonar nunca*. Los Cuerpos Especiales de la Marina están entre nuestras fuerzas de lucha más elitistas. El nombre de ese Cuerpo es un recordatorio de que ellos están entrenados totalmente para hacer el trabajo con sigilo y precisión en el mar, en el aire y en tierra. El 2 de mayo de 2011, titulares en todo el mundo anunciaron la muerte del líder de al Qaeda, Osama bin Laden, el hombre responsable de planear el peor ataque terrorista en terreno estadounidense. Él fue muerto cuando el Equipo 6 de los Cuerpos Especiales de Marina de los Estados Unidos atacaron exitosamente su casa en Abbottabad, Pakistán. El equipo de Luttrell estuvo en Afganistán en 2005, implicado en el que se convirtió en el día más mortífero en la historia de los Cuerpos Especiales.

En su libro, Luttrell relata el increíblemente agotador proceso de entrenamiento requerido para llegar a formar parte de los Navy SEALS. Luttrell es un hombre de Texas, con un fuerte entusiasmo por la vida desde su niñez. Él se marcó el objetivo de convertirse en un miembro de los Navy SEALS cuando tenía doce años de edad y poco después se alistó en el riguroso preentrenamiento proporcionado por el sargento Shelton, un héroe local que sirvió como Boina Verde en Vietman. Shelton les dijo a Luttrell y a los otros en el entrenamiento: "Voy a romperles, mental y físicamente... Después voy a volver a edificarlos, como una unidad de lucha, de manera que su mente y su cuerpo sean uno".[4] Todo el tiempo en que yo leía el libro no podía evitar pensar en las muchas conexiones que había con el ayuno. Eso es lo que hace el ayuno: Le quebranta y le saca de las rutinas del mundo a fin de que pueda volver a ser edificado en la fuerza y el poder del Espíritu Santo.

> Cuando ayuna, es mucho más fácil para usted obtener la perspectiva de Dios sobre sus circunstancias y encontrar el camino del Él a través de la tormenta.

Luttrell realizó el entrenamiento con Shelton y el entrenamiento de reclutas, y partió a la base anfibia de la Marina en la isla Coronado. Allí se enfrentó a dos semanas de adoctrinamiento antes ni siquiera de comenzar el entrenamiento BUD/S (Demolición básica submarina). De modo sorprendente, lo primero que les enseñaron no fue cómo detonar cosas bajo el agua. Lo primero que les metieron en sus cerebros fue el concepto de un compañero nadador. En los Cuerpos Especiales, uno nunca deja atrás a un hombre, vivo o muerto. Por tanto, la primera instrucción importante que se recibe es no estar nunca a distancia mayor de un brazo del "compañero

de nado", sin importar donde se esté. Él es su compañero de equipo y usted nunca se separa por ninguna razón. Me gustaría que el
Cuerpo de Cristo pudiera realizar un curso en eso algunas veces.
Qué distintas podrían ser las cosas si todos pudiéramos tener ese
mismo credo: Nunca dejar atrás a nadie. Yo siempre digo que ayunar con un amigo es tan poderoso porque tiene a otra persona que
está pasando por lo que usted está pasando. Puede compartir lo
que Dios le esté mostrando y salir al otro lado cambiado. Considerando el resto del entrenamiento que esos hombres realizan, es
profundo que eso sea lo primero que les enseñan.

Esas dos semanas en el "curso" normalmente reducen el número
de los hombres, que no tienen lo necesario para seguir. Pero quienes sobreviven comienzan BUD/S, un programa de siete meses en el
que las cosas se ponen serias y donde, según Luttrell, los instructores llevan a los hombres al extremos de sus propias vidas. No hay
manera de poder detallar aquí todo lo que ellos soportan. Inmediatamente después de llamarlos a las cuatro de la madrugada,
se meten en agua helada presurizada como ducha, después hacen
cientos de abdominales, de flexiones y de pataleos en ejercicios de
entrenamiento. Repetidamente se les decía que se "mojaran y se
rebozaran", saltando a las frías aguas del océano y después rodan-
do sobre la arena; y *después* continuaran haciendo el agotador ejercicio que estuviesen realizando. ¡Luttrell en una ocasión contó 450
flexiones antes del desayuno! Los instructores preparaban escena-
rios de caos total para quebrantar a los hombres. Eran instruidos
llevando troncos por encima de sus cabezas mientras corrían por el
agua. Llevaban sus botes hasta el mar y regresaban, y corrían cinco
kilómetros en la arena en menos de treinta y dos minutos, a veces
varias veces por día. ¡Y eso antes del desayuno! Cuando parecía
que se estaban poniendo en forma, los instructores subían más aún
el estándar, añadiendo más caos y más entrenamiento agotador.
Los instructores a veces proclamaban una inspección de cuartos,
y entonces saqueaban los cuartos para que todos fracasaran en la
inspección. Luttrell escribe que los instructores observaban a hombre tras hombre "abandonar" y dejar el programa. Él decía: "Ellos

solo estaban interesados en los otros, los que no se derrumbaban ni abandonaban. Los que preferían morir a abandonar. Los que no tenían el abandono en su interior".[5]

Había un procedimiento para abandonar. Cuando uno ya había tenido suficiente, cuando había llegado a creer que verdaderamente no podía soportar más, podía ejercer su opción de abandonar yendo a la oficina, entregando su casco y haciendo sonar la gran campana que había en la puerta. Esa persona era enviada de nuevo al rango que tuviera antes de intentar llegar a ser parte de los Cuerpos Especiales. Los instructores dejaban claro que no había vergüenza en el abandono. Les decían a los hombres desde el comienzo que dos terceras partes abandonarían antes de terminar. Y no se termina hasta que la "semana infernal" termina.

La "semana infernal" es legendaria en el BUD/S. Comienza unas cinco semanas después de comenzar el programa, a última hora de la tarde de un domingo y termina el viernes. Quienes logran pasarla están tan golpeados, agotados, privados de sueño y totalmente exhaustos al terminar, que algunos ni siquiera saben qué día de la semana es. Comienza con ropa casual, montones de pizza y películas, y entonces "sigue" con rápidas ráfagas de disparos desde todas partes, sirenas sonando, puertas derrumbándose, agua a alta presión, explosiones y caos total. Sin tiempo para pensar, los hombres están bajo un largo ataque sorpresa que tiene la intención de simular las playas de Normandía, que continúa durante toda la semana. Trabajan sin descanso con intensos ejercicios, programas de entrenamiento en tierra, en agua y peor. Entran y salen de agua a 60°F (15°C), a veces permaneciendo de quince a veinte minutos, casi lo suficiente para que comience una hipotermia, pero sin llegar a ello. De algunos de los hombres que abandonaban durante la "semana infernal", Luttrell observó que: "Se habían permitido vivir con temor al dolor y la angustia por venir".[6] Su comandante había advertido a los hombres que se enfocasen en completar cada tarea a medida que llegase y vivir para ese día. Quienes no prestaron atención a sus palabras tiraron la toalla. Quienes tomaron el consejo de su líder, que había pasado por aquello antes que ellos, quienes fijaron sus mentes en completar la tarea actual continuaron. Pienso en el poder de las palabras de Hebreos:

> Por tanto, nosotros también, teniendo en derredor nuestro tan grande nube de testigos, despojémonos de todo peso y del pecado que nos asedia, y corramos con paciencia la carrera que tenemos por delante, puestos los ojos en Jesús, el autor y consumador de la fe, el cual por el gozo puesto delante de él sufrió la cruz, menospreciando el oprobio, y se sentó a la diestra del trono de Dios.
>
> —Hebreos 12:1-2

Aquellos hombres habían sido entrenados durante semanas física y mentalmente para aguantar. Les enseñaron cómo ocuparse de sus cuerpos para que cuando apretase verdaderamente el calor, sus cuerpos pudieran ocuparse de ellos. "La semana infernal" estaba pensada para quebrantar la mente. Hasta ese punto, Luttrell dice que les habían dicho a los hombres que "la verdadera batalla se gana en la mente. La ganan hombres que entienden sus áreas de debilidad, que se sientan y piensan en ello, tramando y planeando mejorar. Atiendan a los detalles. Trabajen en sus debilidades y vénzanlas. Porque pueden".[7] He dicho desde el comienzo de este libro que Dios no está tan interesado en nuestras fortalezas como lo está en nuestras debilidades. Cuando podamos aprender a llevar al frente esas cosas, Él nos enseñará cómo vencerlas en la fortaleza de Él.

Luttrell vio a muchos hombres abandonar el programa, pero quienes quedaron durante "la semana infernal" dejaron una mayor impresión. Un entrenador les hizo hacer pataleos con sus cabezas y sus hombros en el océano. Aunque ya lo habían hecho antes, aquel día fue el desencadenante para que otros dos hombres abandonasen. Durante la "semana infernal", los instructores preguntaban a los hombres si estaban seguros, dándoles otra oportunidad antes de hacer sonar la campana. Uno de los hombres vaciló, pero escogió abandonar aquel día. Luttrell dijo: "Más adelante supe que cuando un hombre abandona y se le da otra oportunidad y la toma, nunca lo logra. Todos los instructores saben eso. Si el pensamiento de abandonar entra en la cabeza de un hombre, no pertenece a los Cuerpos Especiales de la Marina".[8]

¿Es usted cristiano con opción a abandonar? Eso es poderoso. Si el pensamiento de abandonar entra en su mente, usted no es de los Cuerpos Especiales de la Marina. Cuántos matrimonios fracasados podrían haberse evitado si la pareja entrase en ese acuerdo de pacto con el entendimiento de que "si el pensamiento de abandonar su relación matrimonial, del adulterio, de la adicción a la pornografía o del divorcio es una opción en su mente, entonces no es un esposo... no es una esposa". ¿Es usted un cristiano que tiende a abandonar ("tirar la toalla")? Jesús dijo: "Ninguno que poniendo su mano en el arado mira hacia atrás, es apto para el reino de Dios" (Lucas 9:62). No importa lo que sea en esta vida, si la opción de abandonar está disponible, cuando usted decide que eso es una opción, tomará esa opción cuando las circunstancias se pongan lo bastante difíciles. Necesitamos entender que estamos en una batalla y nuestro enemigo nos lanzará todo lo que pueda para desalentarnos, quebrantarnos y hacer que dejemos de buscar al Rey de reyes con todo nuestro corazón, mente, alma y fuerzas.

## Dónde debe ganarse primero la batalla

Al igual que muchos que abandonaron en el grupo de entrenamiento de Luttrell, que echaron la culpa de su decisión de abandonar al tortuoso entrenamiento, el agua fría o el trato injusto, necesitamos entender que la batalla no se trata de lo que estemos afrontando. La batalla no es con su familia o su matrimonio, un problema económico o una enfermedad. La batalla que debe ganarse primero está en sus pensamientos. El diablo desea quebrantar su mente; quiere romperle mentalmente, hacer que usted tire la toalla, que abandone, que diga: "Ya no puedo aguantarlo más. Voy a usar mi opción de abandonar. Voy a tocar la campana y regresar a cómo solían ser las cosas". Usted llega al punto en que cree que no tiene más energía para luchar y ninguna capacidad para vencer. Estoy aquí para recordarle que usted es más que vencedor en Cristo Jesús, en su fortaleza. Pero la única manera en que eso se convierta en realidad en su vida es si usted elimina la opción de abandonar. Cuando hace eso, la verdadera batalla ya está ganada.

## ¿Es usted un cristiano que opta por abandonar?

El escritor del libro de Hebreos dijo: "No perdáis, pues, vuestra confianza, que tiene grande galardón; porque os es necesaria la paciencia, para que habiendo hecho la voluntad de Dios, obtengáis la promesa" (Hebreos 10:35-36). ¡Tenemos necesidad de aguante! Al igual que quienes se alistaron en el equipo de entrenamiento de los Cuerpos Especiales tuvieron que aguantar la agotadora presión física y mental a fin de recibir su estatus, nosotros necesitamos aguantar las batallas y vencer para poder recibir la promesa de Dios. "Pero nosotros no somos de los que retroceden para perdición, sino de los que tienen fe para preservación del alma" (v. 39). ¡No retrocedemos! Me encanta este pasaje porque hay muchos que sí comienzan fuertes. Comienzan encendidos para Dios, pero en algún punto en el camino entran en su propia "semana infernal", y los problemas comienzan a surgir por todos los frentes. Es entonces cuando comienzan a buscar la campana para tocarla, porque nunca eliminaron esa opción antes de comenzar. No importa lo fuerte que usted comience si el abandonar es siempre una opción.

No me importa lo que el enemigo me lance; he decidido en mi mente que no volveré atrás. No soy de los que retroceden y no creo que usted lo sea tampoco. No hay opción de abandonar. He tenido oraciones contestadas y he tenido oraciones sin respuesta. Me han sucedido milagros y he soportado inmensos desengaños. He tenido altas montañas en las que Dios me dio cosas y me sorprendió de muchas maneras, y he tenido valles muy, muy bajos en los que me sentí olvidado por Dios y lloré durante toda la noche. Pero no estoy en esto por lo que pueda conseguir de Jesús. Estoy en esto porque Él me amó primero y se entregó por mí. Cuando reconozca mi debilidad y confíe en la fortaleza de Él, Él me dará la misericordia y la gracia para soportar. "Acerquémonos, pues, confiadamente al trono de la gracia, para alcanzar misericordia y hallar gracia para el oportuno socorro" (Hebreos 4:16).

Sin embargo, y esto es importante, si el Señor nunca volviera a responder otra oración, yo *seguiría* sin hacer sonar nunca esa campana. Como dijo Job: "He aquí, aunque él me matare, en él esperaré" (Job 13:15). Job había eliminado la opción de abandonar. Los tres amigos de Daniel, Sadrac, Mesac y Abed-nego, habían eliminado la opción de abandonar. Le dijeron al rey Nabucodonosor: "He aquí nuestro Dios a quien servimos puede librarnos del horno de fuego ardiendo; y de tu mano, oh rey, nos librará. Y si no, sepas, oh rey, que no serviremos a tus dioses, ni tampoco adoraremos la estatua que has levantado" (Daniel 3:17-18). Ellos mantuvieron su confianza en la capacidad de Dios de librarlos, e incluso más, habían eliminado la opción de abandonar. Incluso si Dios *no* escogía librarlos del horno de fuego, ellos seguirían sin inclinarse ante los ídolos de Nabucodonosor.

## Más que vencedores

No hay opción de abandonar en mi plan de emergencia, y tampoco debería estar en el de usted. No tengo nada a lo que regresar. ¡Mi peor día con Jesús es mejor que mi mejor día en el mundo sin Dios! Crucé ese puente hace mucho tiempo. El enemigo, este mundo, las circunstancias difíciles… no importa. Seguiré estando en la iglesia. Seguiré levantando mis manos en adoración. Seguiré adorándole a Él con mi diezmo. Seguiré sirviéndole con todo lo que tengo. Ya no tengo en mi mente la opción de abandonar. ¡Gracias, Señor, por el poder de una mente decidida!

Yo nunca voy a hacer sonar esa campana. Nunca voy a alejarme de Dios. Nunca voy a abandonar la iglesia. Nunca voy a dejar a mi esposa. Nunca voy a renunciar a mis hijos. Nunca voy a dejar morir mi sueño. Nunca voy a dejar de predicar. Nunca voy a dejar de vivir para Jesús. Esto necesita pasar a lo profundo de su espíritu. Mientras predicaba en Corinto, Pablo entró en un detallado discurso sobre algunas de las cosas que él había afrontado y soportado después de acudir a Jesús. Había servido al Señor con lágrimas, encadenado, contra tentaciones y falsas acusaciones, y evadiendo a quienes querían verle muerto:

> …en trabajos más abundante; en azotes sin número; en cárceles más; en peligros de muerte muchas veces. De los judíos cinco veces he recibido cuarenta azotes menos uno. Tres veces he sido azotado con varas; una vez apedreado; tres veces he padecido naufragio; una noche y un día he estado como náufrago en alta mar; en caminos muchas veces; en peligros de ríos, peligros de ladrones, peligros de los de mi nación, peligros de los gentiles, peligros en la ciudad, peligros en el desierto, peligros en el mar, peligros entre falsos hermanos; en trabajo y fatiga, en muchos desvelos, en hambre y sed, en muchos ayunos, en frío y en desnudez; y además de otras cosas, lo que sobre mí se agolpa cada día, la preocupación por todas las iglesias.
>
> —2 Corintios 11:23-28

Pablo tenía una mente decidida a no solo terminar la carrera, ¡sino también a que iba a hacerlo con gozo! No había opción de abandonar para él. Era bombardeado con pruebas y ataques dondequiera que iba, pero eso no cambió su resolución, y nosotros tampoco podemos permitir que cambie la nuestra. Si hay algo, debería hacernos más fuertes. Como dijo Pablo: "Antes, en todas estas cosas somos más que vencedores por medio de aquel que nos amó. Por lo cual estoy seguro de que ni la muerte, ni la vida, ni ángeles, ni principados, ni potestades, ni lo presente, ni lo por venir, ni lo alto, ni lo profundo, ni ninguna otra cosa creada nos podrá separar del amor de Dios, que es en Cristo Jesús Señor nuestro" (Romanos 8:37-39).

Aquellos agotadores días de entrenamiento prepararon a Luttrell para las verdaderas batallas que afrontarían en combate. En junio de 2005, él afrontó una batalla como ninguna otra. Su equipo había sido enviado a eliminar a un destacado líder de al Qaeda en Afganistán. Él y sus tres compañeros de equipo estaban ocultos en la ladera de una montaña cuando fueron descubiertos por pastores de cabras de la localidad. Ellos permitieron vivir a los hombres, sabiendo que podían estar trabajando para el enemigo; y así era. Sin tiempo alguno, el equipo estaba bajo el ataque de 150 o más soldados talibanes que buscaban sangre. Uno por uno, el equipo de Luttrell fue golpeado. Él se había ocultado con el único miembro del equipo que quedaba cuando el enemigo les lanzó una granada a los dos. Estalló en la mitad de la montaña lo que llenó su pierna de metralla. Después se dio cuenta de que él era el único que quedaba con vida. Se puso de nuevo a cubierto; pero nunca abandonó. Gravemente herido y sangrando mucho, preparó su rifle para eliminar al primer enemigo que viese. Ellos le estaban buscando y cercando.

Un miembro de su equipo se las había arreglado para hacer una llamada de emergencia antes de morir. Pero cuando el helicóptero MH-47 cargado de otros miembros del equipo llegó para rescatar a sus hombres, los talibanes lanzaron un misil al helicóptero, haciéndolo estallar junto con los soldados. Al día siguiente, algunos hombres de la tribu local encontraron a Luttrell y se ocuparon de sus heridas, poniendo en riesgo su propia seguridad. Finalmente, él fue rescatado y llevado de regreso a casa, el único superviviente de la mayor pérdida de vidas en la historia de los Cuerpos Especiales.

Lo que espero que se lleve usted de la historia de Luttrell es el hecho de que la batalla se pelea primero en mente antes de pelearse abiertamente. Si usted ha decidido en su corazón que soportará a pesar de todo, que *no* hay opción de abandonar, logrará atravesar cualquier cosa. Jesús es nuestro ejemplo definitivo. Él es el "autor y consumador de la fe" (Hebreos 12:2). Él soportó de principio a fin. Él nunca tomó atajos. Él nunca abandonó. Él soportó el látigo cuando golpearon su espalda hasta que parecía que tiras de carne colgaban de ella. Él soportó los golpes, la humillación, el escupitajo, las acusaciones y los golpes de los soldados en su cara. Él soportó los clavos mientras estiraba sus brazos sobre la cruz y atravesaban brutalmente sus manos y sus pies. Él podría haber abandonado, pero soportó. Él estaba decidido desde el principio a llevar a cabo la voluntad del Padre y redimir al hombre caído, usted y yo, a pesar de todo. Si Él pudo hacer eso, ¡Él puede ayudarle en cualquier cosa!

> Si usted ha decidido en su corazón que soportará a pesar de todo, que no hay opción de abandonar, logrará atravesar cualquier cosa.

Jóvenes, necesitan eliminar la opción de abandonar de su vida mientras sigan viviendo bajo el ojo protector de sus padres en casa. No esperen hasta estar en el campo de batalla para tomar una decisión, pues no tendrán la fortaleza para soportar cuando estén solos, en la universidad o en algún otro ambiente mundano en el que todo el mundo está de fiesta y bebiendo, consumiendo drogas y acostándose con cinco o seis personas por semana. Si usted no ha cruzado ya ese puente en su mente y ha dicho: "Nunca dejaré de servir a Jesucristo", entonces abandonará cuando las cosas sean demasiado difíciles. Si no ha eliminado la opción de abandonar antes de ese momento, Satanás se asegurará de poner la tentación y la presión delante de usted. Él sabe si usted lo dice de verdad o no; sabe si usted está jugando el juego o si está entregado, sirviendo a Jesús con todo su corazón, su mente, su alma y sus fuerzas.

¿Está usted batallando contra adicciones? Ahora es el momento de eliminar la opción de abandonar de una vez por todas.

Entonces, y solo entonces, verá usted la victoria. Sin esa determinación, es demasiado fácil "hacer sonar la campana" y regresar a sus drogas, alcohol, sus cigarrillos, su pornografía... sea lo que sea. Pero cuando usted puede decirle al diablo: "Puede que esté bajo mayor presión de la que nunca he sentido, pero he eliminado la opción de abandonar", ¡usted vencerá!

¿Está atravesando dificultades en su matrimonio? Mientras entretenga en su mente una opción de abandonar, entonces existe la posibilidad de que tome esa opción cuando las cosas se pongan lo bastante difíciles. No puede usted comenzar el matrimonio con el divorcio como una opción para los momentos difíciles o para cuando "la emoción se haya ido". Si esa opción sigue flotando en sus pensamientos, usted necesita ayunar y orar, y pedir a Dios que le dé un nuevo comienzo con la gracia para eliminar de su matrimonio la opción de abandonar.

## Necesitamos el ayuno de vanguardia

Al igual que eliminar la opción de abandonar en los primeros tiempos del entrenamiento de los Cuerpos Especiales dio su recompensa años después en el campo del sangriento combate, cuando usted elimina la opción de abandonar al comienzo de un ayuno, se está condicionando a usted mismo para tener éxito después del ayuno. Sea que ayune durante un día o durante cuarenta días, decida en su mente que va a soportar, que nunca va a abandonar. Reunirá cada vez más aguante, cada vez más confianza. El ayuno le lleva más cerca de Dios. El ayuno es "afilar su hacha". El ayuno es el modo en que usted mantiene la vanguardia en su vida, la vanguardia que necesita para vencer.

Quizás toda su vida haya sido una persona que abandona. Es momento de eliminar la opción de abandonar de una vez por todas. Nuestro Dios es alguien que termina. Pablo dijo: "estando persuadido de esto, que el que comenzó en vosotros la buena obra, la perfeccionará hasta el día de Jesucristo" (Filipenses 1:6). Dios nunca le abandonará. Él le terminará. Pero usted necesita eliminar de su caminar con Dios la opción de abandonar. Aparte tiempo cuanto antes para ayunar y buscarle a Él. Vuelva a entregarse a Dios y dígale: "Señor, yo no soy de los que retroceden. Comencé y voy a terminar. Con tu ayuda, Señor, elimino de mi vida la opción de abandonar. No pondré mi mano en el arado y miraré atrás. Por tu continua misericordia y gracia no regresaré a mi vieja vida. Te doy gracias porque he sido limpio y libre mediante la sangre de Jesús, ¡y nunca, nunca abandonaré!".

Ahora, quizá más que nunca, la Iglesia necesita recuperar la vanguardia. Concesiones, inmoralidad, indiscreciones y pecado han desafilado el filo del poder de Dios, y la Iglesia necesita desesperadamente recuperar la vanguardia. Como dije anteriormente, el pueblo de Dios está formado por "personas de Dios". El entrenamiento de los Cuerpos Especiales descartó a los individuos que no iban en serio, que no habían eliminado la opción de abandonar, porque ellos al final debilitarían a todo el equipo. Cuando la Iglesia vaya en serio con respecto al llamado de Dios de humillarse y orar (2 Crónicas 7:14), de buscarle a Él mediante ayuno y arrepentimiento, entonces la Iglesia se hará más fuerte y comenzará a ver regresar otra vez la vanguardia.

# Notas

## Introducción

1. Jentezen Franklin, *El ayuno*, (Casa Creación).
2. Véase Apocalipsis 3:16.

## Capítulo 1:
### Necesita recuperar la vanguardia

1. Fasting Movement, www.jentezen-franklin.org/fasting.
2. Véase Hebreos 11:6.
3. Anthony T. Evans, *Tony Evans Speaks Out on Fasting* (Moody Publishers, 2000).
4. Véase 2 Reyes 2–5.
5. Apocalipsis 1:8.
6. Hebreos 12:2.
7. Dutch Sheets, *God's Timing for Your Life* (Regal Books, 2001), p. 31.
8. 7HillsChurch.tv, "About Pastor Marcus Mecum", www.7hillschurch.tv (20 julio de 2011).
9. Nada en este libro tiene la intención de dar consejos médicos.

## Capítulo 2:
### El poder de una mente decidida

1. Job 1:13–19.
2. Job 2:6–10.
3. Génesis 22.
4. Génesis 37; 39.
5. Charles W. Henderson, *Marine Sniper: 93 Confirmed Kills* (Berkley Books).
6. Juan 10:10.
7. Henderson, *Marine Sniper*, pp. 213–215.
8. Ibíd., p. 216.

## Capítulo 3:
### La sabiduría produce éxito

1. Mateo 3:17.
2. Véase Génesis 1–3.
3. Hudson Taylor, "The China Inland Mission and the Power of Believing Prayer", en Andrew Murray, *The Key to the Missionary Problem* (BiblioLife, LLC).
4. Efesios 2:8–10; Juan 14:12–17.

## Capítulo 4:
### El ayuno que he escogido

1. 1 Samuel 16:1–13.
2. Torie Bosch, "Human Trafficking Awareness Day", AOLNews.com, (21 de julio de 2011), www.aolnews.com.
3. UNICEF.org, "Fact Sheet on Commercial Sexual Exploitation and Trafficking of Children", www.unicef.org (consultado el 21 de julio de 2011).
4. Stop Child Trafficking Now, "Child Trafficking Statistics", www.sctnow.org (consultado el 21 de Julio de 2011).
5. Véase Juan 4:1–45.
6. Hudson Taylor, *Hudson Taylor's Choice Sayings* (China Inland Mission).
7. Marcos 10:46–52.
8. Mateo 9:20–22.
9. Juan 12:1–7.
10. Lou Engle, *Nazirite DNA* (n.p.:, n.d.). Libro disponible en International House of Prayer, tienda en página www.store.ihop.org.

## Capítulo 5:
### Copos de nieve en el Amazonas

1. Véase Proverbios 3:5–6.
2. LivingWithJoyRadio.com, "Interview with Dr. James Dobson, part 1", www.livingwithjoyradio.com (21 julio de 2011).
3. Wikipedia.com, s.v. "Amazon River", http://en.wikipedia.org (22 de julio de 2011).
4. Véase Juan 7:38.

## Capítulo 6:
### El hambre satisface el hambre

1. Ester 4:15–16.
2. Ester 7–8.
3. Lucas 10:19.
4. Marcos 2:19–20.
5. Juan 4:32–34.
6. Apocalipsis 5:8.
7. Mateo 15:24.
8. Véase Efesios 2:10.
9. Marcos 5:30.

**Capítulo 7:**
**No se puede hacer la voluntad de Dios con celo humano**
1. Génesis 6; Mateo 24:37–39.
2. Gálatas 5:17.
3. Mateo 26:53–54.
4. Leonard Ravenhill, *Why Revival Tarries* (Bethany House Publishers).
5. 1 Reyes 21:23; 2 Reyes 9:10, 30–37.
6. Santiago 4:8.

**Capítulo 8:**
**Prosperar en tiempos angustiosos**
1. Jim Swanson, "Palm Trees", *Evidence of Design* (blog), www.evidenceofdesign.com (consultado el 22 de julio de 2011).
2. Mateo 8:16–27.
3. Filipenses 4:11–12.
4. Duncan Campbell, "Revival in the Hebrides (1949)", transcripción de un mensaje dado por Duncan Campbell en 1968: www.enterhisrest.org (consultado el 22 de julio de 2011).
5. Bill Bright, "7 Basic Steps to Successful Fasting and Prayer", Campus Crusade for Christ International, www.ccci.org (consultado el 22 de julio de 2011).

**Capítulo 9:**
**El plato principal**
1. Génesis 19:3.
2. Isaías 58:7.
3. Hechos 16:20–34.
4. Mateo 6:11.

**Capítulo 10:**
**Vivir de adentro hacia afuera**
1. Véase Romanos 14:16.
2. Mateo 28:19.
3. Mateo 6:6.
4. Efesios 1:13–14.

**Capítulo 11:**
**Transformación total**
1. TLC.com, "What Not to Wear", (25 de julio de 2011), www.tlc.howstuffworks.com.
2. Lucas 8:26–39.
3. Isaías 61:3.
4. Lucas 15:22.
5. Josué 10:12–14.
6. Lucas 11:5–9.
7. Lucas 18:1–8.
8. Mateo 15:21–28.
9. Elmer Towns, *The Beginner's Guide to Fasting*, 2nd ed. (Regal Books).

**Capítulo 12**
**La opción de abandonar**
1. Mateo 26:53.
2. Colosenses 3:2.
3. Sí quiero advertir a cualquiera interesado en leer el libro *Lone Survivor* que, aunque hace un sincero relato de entrenamiento e intensa batalla, también contiene un alto nivel de lenguaje duro/blasfemia.
4. Marcus Luttrell, *Lone Survivor* (Hachette Book Group, 2008).
5. Ibíd., p. 94.
6. Ibíd., p. 160.
7. Ibíd., p. 140–141.
8. Ibíd., p. 156.

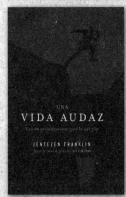
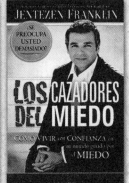

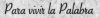
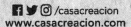

Te invitamos a que visites nuestra página
web, donde podrás apreciar la pasión por
la publicación de libros y Biblias:

**www.casacreacion.com**

f @CASACREACION

🐦 @CASACREACION

📷 @CASACREACION

*Para vivir la Palabra*